オノマトペ

擬音語・擬態語の世界

小野正弘

角川文庫
21970

目　次

はじめに

オノマトペとは

この本を、「ああ、あれね、あのオノマトペについて書いた本ね、まあ、まずは最初から見てみるか」と思って手に取ったであろうか。それとも、「え？ オノマトペって、なによ？」と思い、とりあえず、「はじめに」あたりを読めば何か書いてあるかもしれないと、この頁を開いているであろうか。

どちらも正解である。

オノマトペとは、日本語のなかにある、ゴーン（鐘）、キーン（飛行機）のような擬音語と、クルクル（回転）、ピカピカ（輝き）のような擬態語とを一括して言うものである。語源はフランス語で、つづりは、onomatopée。英語だと onomatopoeia とつづり、発音はオノマトピーアのような感じになる。おおもとは古代ギリシア語にまでさかのぼり、造語すること、名前を造ることという意味があったとされる（『小学館ランダムハウス英和辞典』による）。

「オノマトペ」という言葉にはなじみがなくても、擬音語・擬態語という言葉なら、聞いたことがあるだろうし、ゴーンやキーンという言葉そのものを知らない、ということはまずないだろう。

本書は、このオノマトペを考えることによって、日本語そのものを別の角度から豊かにとらえなおすことができる、という考えから書かれたものである。

オノマトペは、なにしろ、ゴーン・キーン・クルクル・ピカピカだから、「わび」「さび」とか「あはれ」「をかし」などという、いかにも伝統的な日本の文化や日本の美などという世界と比べると、なにか軽く、単純で幼稚なような感じを受けるかもしれない。しかし、このオノマトペは、意外にも奥が広く深く、日本語について、さまざまなことを教え、考えさせてくれるのである。

日本語の「へそ」

実は、本書には、前段階がある。それは、私が編者となった『日本語オノマトペ辞典』(小学館、二〇〇七年一〇月刊)である。この辞典は、日本語のオノマトペについて、あらゆる情報を盛り込んだもので、古語・方言・動物の鳴き声をはじめ、「あくせく」(と働く)とか「こんこん」(と水が湧く)のような漢語(音読みのことば)由来のものまでが収録されている。

幸いにも、この辞典は、あたたかく迎えいれてもらい、いろいろなところで取り上げていただいた。なかに、『読売新聞』の書評(二〇〇七年一二月一〇日付朝刊)で、オノマトペは日本語の「へそ」であると喝破した人がいた。東京大学の河合祥一郎氏である。

これは大変なヒントである。オノマトペが「日本語のへそ」……どういうことであろうか。残念なことに、その書評では、分量の制限からか、あまり詳しくは書かれていない。そこで、次に、私なりに考えてみたことを述べてみたい。

そういう意味で書いたのではない、と言われるかもしれない。しかし、それもいいではないか。「へそ」のかたちは、ひとそれぞれである。「へそ」という一つのキーワードから、なにを思うかということを比べるという意味では、面白い試みなのではないか、とも思う。

「へそ」はヒトの根源

「へそ」は、言うまでもなく、人間をはじめとする哺乳類《ほにゅう》のしるしである。思えば、ヒトは胎児のとき、この「へそ」を通して、母親から、生きていくための糧を得ていたのである。まさしく、母親が「血を分けた」証拠なのである。そして、これがなければ、ヒトとして生まれなかった。

まさしく、「へそ」はヒトの根源なのである。

けれども、どうだろう。そうは言いながら、たとえば、風呂に入っているとき、いつも、この「へそ」をしげしげと見つめながら、これぞ、まさしく哺乳類のあかしで、これで母親から血を分けてもらったんだよなあ……などと、いちいち感慨にふけるであろうか。それはおそらくない。第一、そんなことをしていたら湯あたりしてしまう。「へそ」は、日常生活ではあまり意識されないものなのである。

しかし、そんな「へそ」だけれども、もしなかったら、きっと落ち着かないに違いない。昔、かぜ薬のテレビCMで、大きなカエルの人形に向かって、子供が「おめえ、へそ、ねえじゃねえか」と話しかけるものがあった。これなど、「へそ」がないものへの、人間としての違和感をよく表わすものだろう。

一方、これもまた古くは、雷が鳴ったときに、おなかを出して寝ていたりすると、「カミナリ様にへそを取られるよ」と言われたものであった。カミナリに「へそ」を取られてしまったら、人間ではなくなる。異形《いぎょう》のものとなる。母親との絆《きずな》を失ってしまう。と、子供がそんなことを思ったはずはないが、くだんの言葉には、どこか、根源的な畏《おそ》れを持たせるものがあったのだろう。

やはり、「へそ」はヒトをヒトとして成り立たせる根源なのである。

だからオノマトペは日本語の根源

さて、そう考えると、オノマトペが日本語の「へそ」であるということは、オノマトペは日本語の根源だということと等しいことになる。

言葉のおおもととなるようなもの。言葉の発せられる現場で、口伝えに受け継がれてきたもの。肉体感覚や心の感覚を表わそうとしたとき、ないと困るもの。ふだんはよく認識して使っているわけではないけれども、よくよく思いを巡らせてみると、自分たちの用いている日本語の中に深く根を下ろしているもの——これなのではないだろうか。

いや、しかし、それならオノマトペに限ったことではないのではないか。そもそも言葉は人間の「へそ」なのだ、と言われるかもしれない。

けれども、前に述べた「わび」「さび」「あはれ」「をかし」などといったものが、なにか裃《かみしも》をつけて威儀を正したもののようなのに対して、ゴーン・キーン・クルクル・ピカピカは、いかにも、裸のことばではないだろうか。なんの飾りもない。てらいもない。気取りもない。あの山下清画伯の広いおなかの中央にあるようなもの。

まさに、「へそ」なのである。

本書では、その日本語の「へそ」、オノマトペについて、さまざまな角度から、また、さまざまな時代について、考察と観察を深めていきたい。オノマトペを、一つの窓にして、そこから、どんな風景が見えるのか。本書を読んだあと、読者諸氏は、オノマトペの観察がいかに面白いものかを知って、自然にオノマトペ・ウォッチャーに、いやもっと広く、「日本語」ウォッチャーになっていることだろう。

第1章　創って遊べるオノマトペ

この章では、新しいオノマトペの創りかたを伝授します。オノマトペという言葉のしくみと、コツさえ知れば、オノマトペはいくらでも創れます。さあ、あなたも、新しいオノマトペを、創ってみましょう。

新オノマトペ「ダズーン」

「こんど、ダズーンという擬態語を流行《はや》らせたいんですけど、ダズーンって、どんな意味だと思います？」

問うのは、朝のテレビ番組「スッキリ!!」でもおなじみの加藤浩次氏。時間は、午前三時半（午後、ではない）。場所は、赤坂ＴＢＳラジオのスタジオ。いま、ラジオの深夜番組「加藤浩次の吠《ほ》え魂《だま》」を生で放送中。私はそこにゲスト出演しているのである。

「ダズーン」。なんだろう？　生番組である。長く考えてはいられない。ラジオでは、数秒空白があると、「放送事故」ということになるらしい。

瞬時に判断したことは……「ダ」「ズ」というタ行とサ行の濁音が用いられているから、何か重さや勢いが感じられる。また、「ー」という長音が加わっているから、ある程度の時間的長さを持つ。さらに「ン」という撥音《はつおん》（はねる音）があるから、余韻とか、何かの結果のようなものがあるのではないか。勢い、長さ、余韻。

「ダズーン」。なんだと思いますか？　私がそのとき、口に出したのは……。

「何か、前に勢いよく押し出していく、ということですか？　力強さと長さを感じますね」と私。

「前に出て行く？　あ、そうなんですか……いや、実は、これは、すごく落ち込んだときの擬態語なんですが……」と加藤氏。

そうだったのか……しかし、たしかに、「ダズーンと落ち込む」というのは、重く沈む感じがよく出ている。そう言えば、「ズーンと落ち込む」というのもあった。だから、「ダズーン」は、「ズーン」の強調形と言っていいかもしれない。専門家なのに、はずしてしまった。

しかし、「ダズーン」と落ち込んでいるヒマはない。それよりも、こんなイキのいいオノマトペを、今をときめく芸人の口から直接聴けたのである。嬉《うれ》しい。

「そのダズーン、でも、落ち込む感じがよく出ていますね。こんど、論文に書きます」と私。このようなイキのいい言葉は、文字に残しておかないと、長い間には消え去ってしまう。

「え、本当ですか？　ぜひお願いします」と加藤氏。あのハスキーな声が、すこし嬉しそうに響く。

いま、その約束を果たしている。論文ではなく、本になってしまったが。

未知の言葉を推測する

「ダズーン」の意味を判断するとき、単語の持つ、勢いと長さと余韻を基準にしたと前に書いた。けれども、そのときに判断基準にしたものは、実は、もう一つあった。それは、「加藤浩次」というキャラクターである。

いまが旬《しゅん》の芸人である。勢いがある。ベクトルは上か前向きである。だから、「勢いよく前に進む」と考えた。いまをときめく芸人と「落ち込む」というのは、なかなか結びつかないではないか。

これは、決して言い訳……ですかね。やっぱり。しかし、ここで言いたいのは、ちょっとこみいった一般的な問題になるのだけれども、ある未知の単語を耳にしたとき、われわれは、その単語そのものだけでなく、その単語が用いられる状況や、その単語を用いている人間のことも情報に取り入れつつ判断する、ということなのである。それを、「情報として参照する」と言う。私は、「加藤浩次」というキャラクターを、情報として参照したのである。

それほど難しいわけでもない。テレビのクイズで「次の言葉は、平安時代に紫式部が使った言葉ですが、さて、その意味は何でしょう」というものがあったら、誰しも、その

「平安時代に紫式部が使った」という情報を頭に入れながら考えるだろう。私もそのようにしたのである。もちろん、それで、はずれてしまうこともあるが。

独自に創ったオノマトペは、うまい文脈が与えられないと意図した意味が伝わらないことがある。「ダズーンと落ち込んだ」ならある程度推測がつくが、「あまりのことに、ダズーンとなった」だと、どういうことなのか判断がつかない。いわんや、「ダズーン」だけを聞いて、それがどういう意味なのか推測できるほうが不思議なのである。

そう信じていた。

が、その後、知人のN氏（四十半ばの男性）に向かい、「ダズーン」からどういうイメージを受け取るか、と尋ねてみた。すると、あっさり、「ああ、なんか、沈み込むイメージですね」と応えるではないか。正解である。これには、さすがに「ダズーン」と落ち込みそうになった。けれども、加藤氏は四十ちょっと前、私はちょうど五十なのだから、感覚に世代差があってもおかしくない。加藤氏の感覚と、N氏の感覚は似通っているのだろう。感覚や感性が似通っている同士であれば、聞いたことのないオノマトペを使われても正解できる。

それは、何かの小説を読んで、描かれている世界や価値観が、まったく理解できないと思える場合と、なぜか胸の中にすっと融《と》けこんでくる場合との違いに似ている。

言語ボスと言語伝道師（プリースト）

ところで、加藤氏は、この「ダズーン」を流行らせたいという。それにはどうしたらいいか。新しい言葉が広まるためには、言語ボスという存在がまずは必要である。「言語ボス」とは、言語学者の柴田武氏の用語で、要するに、ある言語集団の言葉遣いに関して、強い影響力のある人物のことを言う。

けれども、言語ボスの存在だけでは、言葉は広まらないのではないか。強い影響力を持つ人間がいる一方、それを承《う》けて広める役割の人間もいなければならないのではないだろうか。それを、「言語伝道師（プリースト）」と名付ける。これは、私の勝手な命名である。この言語伝道師の存在によって、新しい語が急速に広まるのである。

言語伝道師とは、言語ボスと現実の言語使用者との中間にあって、その仲介者となる。すべての言語使用者が、言語ボスから直接の申し渡しを受けることはできない。だから、現実の言語使用者たちに対して少しだけ優位性を持ちながら、それまで「知らなかった」人々に、自ら使用することで、新しい言い方を教え伝えるのである。

周りに、そんな人、いないだろうか？

「笑っていいとも！」という長寿番組があった。この番組での決めぜりふは、言うまでもなく、「〜してもいいかな？」という問いかけに対する、「いいとも！」である。このやりとりを生んだ言語ボスは、これも言うまでもなく、コメディアンのタモリ氏である。

私が学生か大学院生のころであるから、かれこれ三〇年近くも前、当時の教授が、この前、「来週は休講ということでいいかな」と言ったら、「いいとも！」と返されて驚いた、と苦笑していた。最初は、自分を友達みたいに思ってくれているのかと思っていたのだけれども、どうやらそうではなく、テレビの影響らしいですね、とも言われた。このテレビの影響を受けて、教授に向かって、オソレ多くも「いいとも！」と応え、周囲に、これが最新の流行なんだとばかりに見得を切った学生が、言語伝道師である。それを聞いた周囲の学生は、そんな言い方があるんだ、と学習するのである。ちなみに、「笑っていいとも！」の放送開始は、一九八二年秋。「いいとも！」という応答のしかたを知っているものは、まだ限りがあった。

名もなき多くの言語伝道師によって、新しい言葉は広まり、言語は変化する。「ダズーン」も、言語ボスの存在感は申し分ないから、あとは、どれだけの言語伝道師がそこに付くかということにかかるのではないかと思う。

「オッパッピー」はオノマトペか⁉

個人が新しいオノマトペを創ったとしても、普通は、話をする当人同士のやりとりの中で消えてゆき、それをたまたま言語伝道師が聞いていて、というような幸運がなければ広まらない。また、たとえば、漫画には、いままで聞いたことのないオノマトペが無数に出てくるが、これもまた、それだけでは広まることはない。

だから、最近創られたオノマトペにはどういうものがありますか、と尋ねられると、どう答えればいいか困ってしまう。私がこの前読んだ漫画の中にですね……などと言ってみても、かなり説明しないとわかってもらえないだろう。みんなが知っていて、なるほど確かに、あれは、新しく創られたオノマトペだと納得してもらわなければならないところが、難しいのである。

そのようなものとして、いまなら、「オッパッピー」を挙げることができるかと思う。「オッパッピー」とは、芸人の小島よしお氏が、肉体的アクションをしながら「そんなの関係《かんけえ》ねえ」と何度か繰り返したあとに、少し呆《ほう》けた表情をしながら言う決めぜりふである。この「オッパッピー」、当人は、「オーシャン・パシフィック・ピース ocean pacific peace」の略だと言っているらしい。が、そうか？

「オーシャン・パシフィック・ピース」の略なら、「オーパピー」あるいは「オーパッピー」ではないのか？　そもそも ocean pacific peace という英語の語順もおかしい。小島よしお氏という高学歴の芸人にもあるまじきことではないのか。

なので、これはオノマトペなのだろうと考えたい。それでは、どういう意味なのか。どういう感覚を表わしているのか。が、これはやはり、その前の「そんなの関係《かんけえ》ねえ」からのつながりで言えば、自分とは関係がないと軽く投げ出してしまって、ちょっとだらけて無責任なさま、ということになろうか。世間での実際の使われようは、さらに多様で複雑なようでもあるが、とりあえず、これを基本線としたい。

この「オッパッピー」、なかなか、音の選び方が絶妙である。「オッパッピー」と、詰まる音を二回使ったあと、最後に伸ばしているのが、ちょっとだらけた感じをかもしだしている。「オッパッピ」だと、なにか、体操の選手の着地のようである。思わず、「得点9・36」とか続けたくなる。これが、さらに、「オッパッピッ」だと切れがありすぎて、せわしない。「ピッポッパッ」というのは、プッシュ式電話のボタンを押すときの電子音のオノマトペであるが、あのせわしなさに似ている。はやく次を押さないと、つながらない、かけ直しになると思って焦ってしまう、あのせわしなさである。

オノマトペが終わるパターンとしては、「ー」「ッ」のほかに、「カタン」や「ドタリ」に見られるような、「ン」「リ」がある。が、この「オッパッピー」に関しては、「オッパッピリ」では、何のことやらイメージも湧かなくなるし、「オッパッピン」だと、ちょっと可愛すぎる。

さらに、「オッパッピー」は、用いられている子音がpで、明るく、軽いイメージを持つものである。母音の「オ」も口がやや広めの明るい音色。全体として、軽く明るい。これが、「ウッバッビー」とか「イッゴッギー」とかになっては、重すぎて、そんなの関係ねえ、などとうそぶいていられなくなる。

だから、「オッパッピー」のオノマトペとしてのパターン選択は、絶妙と言える。せっかくこんなに面白いオノマトペを創ったのだから、じたばたせず、へえ、あっしは確かにオノマトペを創りやしたと神妙に認めてほしい。

黄金の釘打つ

「ダズーン」や「オッパッピー」が、このあと、どれほど広まり、いつまで残るのか、予測はつかない。しかし、一九六二年連載開始の『おそ松くん』のイヤミが、びっくり仰天するときの「シェー」は、さすがにいまの若い人は使わないとは思うが、中高年層あたりに根強く残り続けている。最近の映画で、脅迫犯が、交差点の真ん中で「シェー」のポーズをしろという指示を出すものを見たことがある。この「シェー」もまた、感動詞的ではあるが、突然のことに驚くばかりで、お手上げのさまを表わすオノマトペと言ってもいいだろう。もう四〇年近く残っているのである。「ダズーン」や「オッパッピー」が、そうならないとは、誰にもいえない。

また、「キャピキャピ」というオノマトペがある。これは、声のトーンがちょっと高めの若い女性が華やいで小うるさいのだけれども、どこか憎めないさまを表わす絶妙のオノマトペである。「キャピキャピ女子大生」などというように、私が学生のころから使われ始めたように記憶するので、これも、かれこれ三〇年前から使われている。今はさすがに、若い人の使用語彙《ごい》にはなっていないかもしれないが、理解語彙ではなかろうか。

このように、最近つくられたオノマトペでも、一時の流行に終わらずに、使われ続けるものがある。「キャピキャピ」は誰が言い始めたのかわからないけれども、「シェー」は、漫画家の赤塚不二夫氏が使い始めたと言ってよいだろう。もちろん厳密に考えれば、誰かが使った「シェー」を赤塚氏が、これはいいと採り入れたのかもしれない。が、前述の言語ボスという考え方を採れば、赤塚氏が「シェー」の言語ボスであったことは間違いない。

ある言葉について、それが誰によってつくられたものかがわかっているのは、そう多くない。たとえば、「哲学」という語は、明治時代に西周《にしあまね》によって創られたとされているが、このような例はむしろ珍しい。

そんなふうに考えてみると、「哲学」のような固い学術用語ではなく、誰でも普通に日常的に使える、実感に密着した言葉を編み出し、残せるというのは、すごいことだと思う。しかも、言葉を残すばかりか、その言葉を誰が創ったのかということまでも残せたら、これは本当に大変なことである。

与謝野晶子に、

劫初《ごうしょ》より作りいとなむ殿堂にわれも黄金《こがね》の釘一つ打つ

という歌がある。「劫初より作りいとなむ殿堂」とは、人間世界の劫初（この世の始まり）からあった「うた」の歴史そのものなのであろう。ヒトはウタをうたうものであり、ウタをうたうからヒトなのである。永劫に続くウタの歴史の一コマに自分も参与して、黄金の釘を一つ打つ喜び。なんと誇らしげな詠みようであろうか。言葉も同じである。ヒトはコトバをつかうものであり、コトバをつかうからヒトなのである。そこに、永遠にさびない「黄金」とまではいかなくとも、せめて、長くさびることのないステンレスの釘が一本打てたら、なんと素晴らしいことだろう。

オノマトペは語尾次第

というわけで、自分でオノマトペを創ってみませんか？　えっ、そういう展開かよ？　などと驚かずに。ただし、すぐオノマトペ創りにはいるのではなくその前に、オノマトペとは、どういう成り立ち（難しく言えば「構造」）なのかを、簡単に見てみよう。

オノマトペは、いかにもオノマトペらしいすがたをしている。まず、オノマトペには「もと」がある。これが、オノマトペの中核にあって、基本的なニュアンスを形作る。そして、このもとに、さまざまな、オノマトペらしい成分をつけて、より細やかな味わいを重ねてゆく。これが、オノマトペの基本構造である。

具体的にながめてみよう。たとえば、「パラ」というオノマトペのもとで考えてみる。

小さい「ッ」をつけてみよう。「パラッ」となる。どうだろうか。「パラッとページをめくる」などという表現を思いつく人もいるだろう。そう、いま、そうやってページをめくったのである。非常に瞬間的におこなわれる、軽い動作や動きをとらえている感じである。「リ」をつけてみよう。「パラリ」となる。「パラリとページをめくった」となる。前と同じような表現だ。芸がない。そうも思える。しかし、それは本当に「パラッとページをめくった」と、まったく同じだろうか。「パラッとページをめくった」というのが、ページをめくる、まさにその瞬間を描写しているようなのに対して、「パラリ」のほうは、ページをめくる一連の動作と、めくり終わったあとの、なにか落ち着いた雰囲気までも感じないだろうか。

オノマトペのもとに「ッ」をつけるか「リ」をつけるかで、微妙にニュアンスが違ってくるのである。

次は、「ン」をつけてみよう。「パラン」である。「パラン」なんてオノマトペは、あるのだろうか。このようなときに便利なのは、インターネットである。試みに検索してみる。すると、あった。「パランとギターを弾く」「髪をパランとかき上げる」「風でパランとめくれる」……そう多く例を見るわけではないが、現実に使われているのである。「ン」がつくと、それらの軽い所作や動きの結果が余韻として残っているようなニュアンスを感じさせる。

今度は、「パラ」を繰り返してみよう。「パラパラ」となる。「パラパラとページをめくる」……今まさにページをめくるときの、連続する動きが出てくるのがわかるだろう。

「パラパラと雨が降ってきた」という例も思いつく。やはり、今まさに続いているすがたを表わしている。


さて、ここまでで、オノマトペのもとに語尾「ッ」「リ」「ン」がつくとどうなるかを簡単にまとめると、次のようになる。


「ッ」、非常に瞬間的な区切り目がつくというニュアンスを表わす。

「リ」、一連の動作や状況をひとまとまりのものとして表現して、落ち着いたニュアンスを表わす。

「ン」、音や動作・状況がとりあえず終わりはするが、その結果や余韻が残るというニュアンスを表わす。

「もと」の繰り返し、今まさに続いているというニュアンスを表わす。


「パラ」をもとにしたオノマトペは、そのもとの持つ、明るさ、軽さ、乾いた雰囲気などを根本におきながら、「ッ」「リ」「ン」をつけ加えたり、それ自体を繰り返したりしながら、さらに豊かなニュアンスを作り上げている。まさに、オノマトペは語尾次第で、心の声を伝えるのである。

語尾のことがわかったところで、次に、「パラ」そのものをさらに変化させてみよう。

オノマトペのもとの変幻

「パラ」には、二つの方向の展開がある。「パ」の音を澄ませて、「ハラ」とするのと、「パ」の音を濁らせて「バ」の音にするものである。そういえば、「パ」は半濁音と呼ぶ。「パ」は、「ハ」と「バ」の中間に位置する音となるのだろうか。このことは、実は興味深い問題なのだが、それについては、少し後回しにして、先に、オノマトペのもととしての展開を考えてみよう。

「ハラ」「パラ」「バラ」と、オノマトペのもとだけを、このように並べてみても、それぞ

れに個性があることに気づく。が、さらにわかりやすいように、それぞれを繰り返してみよう。「ハラハラ」「パラパラ」「バラバラ」となる。しかし、これだけでは文脈がはっきりしないので、何かが落ちる形容をするときに、用法をしぼってみよう。

「ハラハラ」と、「パラパラ」と、「バラバラ」と――落ちる。何を感じますか？　どんな映像が目に浮かびますか？　「正解」を見る前に、ちょっと本を置いて考えてみてください。

「ハラハラ」と落ちるものは、なにか重さを感じさせない、はかなげなものである。「ハラハラと涙をこぼす」、何か、ものあわれである。こぼれた涙は、風に散るようだ。

「パラパラ」と落ちるものは、小粒の軽いものである。「パラパラと雨が降ってきた」、まだ降り始めである。走って帰れば間に合うかもしれない。

「バラバラ」と落ちるものは、大粒の重みのあるものである。「バラバラと小石が崖《がけ》の上から落ちてきた」、山道の途中でもあろうか。ちょっと、いや、かなり危険である。

このように、「ハラハラ」「パラパラ」「バラバラ」は、すべてが、落ちる状況を表わすことができ、それぞれが細やかな独自のニュアンスを持つ。まさに、変幻である。

ところが、「ハラハラ」は、常にものが落ちることを形容するわけではない。たとえば、

「子供の演技をハラハラしながら見ている」などのように、「気をもみ、危ぶむさま」にも用いる。だが、この意味のラインでは、「パラパラ」と「バラバラ」は使えない。通常だと、濁音形は、清音形の強調になるのだが、「子供の演技をバラバラしながら見る」と言ってみても、「気をもみ、危ぶむさま」が激しい状態を表わせるわけではない。

一方、「バラバラ」も、「中学のときの親友は、いまはバラバラになってしまった」のように、「一つにかたまらないであちこちにあるさま」の意味で用いることができる。けれども、その意味で、「ハラハラ」を用いることはできない。ただし、「パラパラ」は、「パラパラと家が散在する大平原」のような言いかたはできる。豆をまいたような感じ。かなり複雑である。

オノマトペのある意味について、三種類の変幻が可能かどうかを表のかたちでまとめていけば、専門的で、語学的に面白い研究にもなりそうである。けれども、それでは、この章の趣旨「創って遊べる」から離れてしまうので、とりあえず、もう少し素朴なところにもどってみたい。

「ハラ」「パラ」「バラ」のように、オノマトペのもとを三種類に展開できるのは、ハ行だけである。「カラ」「サラ」「タラ」の、カサタ行の場合は、それぞれ「ガラ」「ザラ」「ダラ」へ展開できるから、二種類。アナマヤワの五行は、「イラ」「ヌラ」「ムラ」「ユラ」「ワラ」の、それぞれ一種類しかない。

ハ行だけが、どうしてこうなのか。それは、ハ行の音が、古くさかのぼると、pの音であったであろうと推定されていることに関係する。つまり、古い時代、具体的には、奈良時代よりも前の日本語にとって、現在、半濁音と呼ばれているパ行こそが、濁音の相方《あいかた》であったのだ。

だから、「花」はパナだったし、「光」はピカリ、「母」にいたってはパパだったのである。「光」の発音がピカリであっただろうということは、現在ある「ピカリ」というオノマトペとの関連性を感じさせる。

では、現在のh系の音はどうしたのか。これは、かなりあとになって、具体的には、江戸時代の中ごろから使われ始めたものであり、古いp音と新しいh音をつなぐものとしては、「ファ」のような発音がおこなわれていたと考えられている。つまり、ハ行は、奈良・平安時代あたりから江戸時代までは、長く、「ファ」「フィ」「フ」「フェ」「フォ」のような音であったのである。フォッフォッフォッ、驚きましたかの？

素朴なところ、などと言いながら、かなり専門的なことを述べてしまったような気もする。が、要は、ハ行がオノマトペのもととしては、かなり使いでがあるというふうに考えておいていただければよいのである。

オノマトペのもとをあみだす

新しいオノマトペを創ってみるにあたって、まだ使われていないもとを探ろう。

さきほど、オノマトペのもとを展開するとき、「ハラ」「カラ」「サラ」「タラ」「ワラ」は、それぞれの行の最初の音、つまり、ア段音を使ったのに、一種類しかなかったアナマヤ行の「イラ」「ヌラ」「ムラ」「ユラ」は、ア段音を使っていなかったのに気づいたであろうか。

気づいていたよ、と事もなげにつぶやくあなた、あなたは、鋭い。

逆に言えば、「アラ」「ナラ」「マラ」「ヤラ」は、今のところ、オノマトペのもととして、ちょっとありえないようなものとなっているのである。「アラアラ」だけは、「アラアラ、困ったわね」などと使えそうだが、この「アラアラ」は感動詞。「はい」や「いいえ」のような感動詞がオノマトペとは言えないのと同様、これもオノマトペとは言えなさそうである。

「話の筋をアラアラ考えてみた」なども考えられるが、これは、「粗々」という漢字をあてることができて、普通の語。これも、オノマトペではない。

そうすると、ア行では、オノマトペのもととして、「アラ」「ウラ」「エラ」「オラ」が、少なくとも現代では、まだ一般に使われていない、ということになる。

ナ行だと「ナラ」「ノラ」、マ行だと「マラ」「ミラ」「モラ」、ヤ行だと「ヤラ」「ヨラ」、ラ行にいたってはすべて、オノマトペのもととしては、まだ手つかずということになる。

カサタハワの各行でも、ア段のオノマトペ以外の段のものをすべて持っているかというと、カ行で「コラ」、サ行で「シラ」「セラ」「ソラ」、タ行で「トラ」、ハ行で「ホラ」がオノマトペのもととなっていないことがわかる。逆に言えば、カ行だと「カラ」「キラ」「クラ」「ケラ」は、オノマトペのもとである。これは、少し落ち着いて考えれば、「カラリと晴れる」「キラリと光る」「クラッと目まいがする」「ケラケラ笑う」のように、語尾をいろいろと付けるとオノマトペとして使えるから、オノマトペのもとだと判断できる。なお、ワ行は、仮名としては「ヲ」があるけれども、「ヲラ」というオノマトペのもと自体が、表記上成立しにくい。

以上を表にしてみると、左のようになる。囲んだものが、未使用のもとである。オノマトペのもとを「あみだす」というのは、要するに、この手つかずの部分を見つけるということなのである。

けれども、実は、手つかずの部分は、わざわざ見つけるまでもなく、まだまだたくさん残っている、ということもわかってきたように思う。オノマトペのもととして使われているのは、ほんのわずかなのである。

冒頭に述べた、加藤氏による「ダズーン」というオノマトペから切り出される、オノマトペのもと「ダズ」も、手つかずのものであった。このあたりの、「ダザ」「ダジ」「ダゼ」「ダゾ」なども、手つかずなのではないだろうか。

ア行	**アラ**	イラ	**ウラ**	**エラ**	**オラ**
カ行	カラ	キラ	クラ	ケラ	**コラ**
サ行	サラ	**シラ**	スラ	**セラ**	**ソラ**
タ行	タラ	チラ	ツラ	テラ	**トラ**
ナ行	**ナラ**	ニラ	ヌラ	ネラ	**ノラ**
ハ行	ハラ	ヒラ	フラ	ヘラ	**ホラ**
マ行	**マラ**	**ミラ**	ムラ	メラ	**モラ**
ヤ行	**ヤラ**		ユラ		**ヨラ**
ラ行	**ララ**	**リラ**	**ルラ**	**レラ**	**ロラ**
ワ行	ワラ				**ヲラ**

いや、これほど重量級のものでなくとも、「ペル」「ポセ」「ヘメ」……など、いろいろと考えつく。

え？　どんなふうに創るのか、ですか？

手順は……まず、先頭の音を決める。たとえば、「ペ」。次に、それに続ける行を考えてみる。たとえば、ラ行を付けてみる。「ペラ」はある。「ペリ」もある。「ペル」がない。「ペレ」、これもない。「ペロ」はある。……などというようにするのである。わかりやすくするため、最初は、二文字でできているものに限定するのがいいだろう。

「ポサ」はある。「ポシ」はない。「ポス」もない。「ポセ」もない。「ポソ」はある。だんだんわかってきたぞと思われたのではないだろうか。

意味を吹き込むトレーニング

オノマトペのもとを、あみだすよりも、そのあみだしたもとに、どのような意味、どのような心の声を持たせるか、のほうが難しいかもしれない。それを使ったときに、聞いた相手が、なるほどと納得してくれないと困るからである。

「ペル」など、どうだろう。

「ペルッ」「ペルン」「ペルリ」「ペルー」「ペルペル」というラインナップになる。どういう感覚だろう。なにか、柔らかい中にも弾力があり、表面は滑らかですべりやすく、力を加えてもつぶれにくい、といったような雰囲気だろうか。プリンよりも水ようかんのような感じ。水ようかんよりも、ゼリーか。いや、いっそ、こんにゃくゼリーか。

「こんにゃくゼリーのふたをはがすと、それは、容器からペルンと飛び出し、皿の上でペルペルとしばらく揺れた」

「このこんにゃくゼリー、喉《のど》ごしの、ペルッとした感触がキケンすぎる。吸い込んじゃダメだよ」

いかがであろうか。納得していただけたであろうか。

個々の音は、オノマトペとして用いられる際には、だいたい定まった雰囲気を示すようである。キンキン、キラキラ、カラカラ、コロリのように、カ行であれば、とがった感じ、光る感じ、軽い感じ、鋭い感じ。サラサラ、シーンのように、サ行であれば、柔らかい感じ、こすれる感じ、揺れ動く感じ、静かな感じ。

もちろん、普通の言葉のときには、そうはならない。「きし」、つまり「岸」を例にとってみよう。これは、カ行とサ行の音からできている語であるが、いま述べた、カ行の、とがった、光る、軽い、鋭いという特徴や、サ行の、柔らかい、こすれる、揺れ動く、静かなという特徴は、見いだしがたい。あくまでも、オノマトペの際の感覚なのである。

準備運動が終わったところで、トレーニングを始めよう。やり方は二つある。

一つは、今までなかったようなオノマトペのもとを考え、それがどんな雰囲気を表わすオノマトペなのかを考えてみるというものである。

もう一つは、ある状況やあるものが出す音をイメージしたあと、それを、今までにないオノマトペで表現できないかと、考えるものである。

あるアナウンサーは、その修練として、町を歩きながら、その実況をしたという。

「ただいま、わたしが歩いておりますところは、東京の都心をややはずれたオフィスビルの建ち並ぶ無機質な町並みです。しかし、そんな場所にはめずらしい緑が、鮮やかに、そして誇らしげに、私に迫ってきます。まさに、都会という砂漠を行く旅人にとって、命の水を与えるオアシス、一服の清涼剤であります。その緑にさらに目をこらすと、おおっと、そこに現われたものは……」

これとだいたい同じことをする。

たとえば、ムボ、ケリャ、スヨ、シヘ、ケデ……材料には事欠かない。キーボードを、目をつぶって適当にたたいてみてもいい。思いもよらなかったオノマトペのもとが出てくるであろう。それを説明してみるのである。

たとえば、「ムボッ」。なにか、こもった感じもあり、弾力もあるような感じである。ちょっと太めの人間のおなかに、野球のボールが、めり込むように当たったときのオノマトペ。あまりに意表を突かれて、たまっていた呼気を大きくはき出してしまうときのオノマトペ。状況を思い浮かべる。そして、具体的な表現を創る。

「パパ……私、今まで黙ってたけど学校でずっといじめられてたの」

「ムボッ」彼は、飲み込もうとしたビールを、むせそうになりながら一気に吐き出しかけた。

次に、今までなら、定番のオノマトペがある状況に、あえて新風を吹き込むようなオノマトペを考えてみる。さきのアナウンサーのように、街を歩くのもよい。野山を散策するのもよい。テレビドラマを見ながらでもよい。今まで聞こえた音が、別の音に聞こえないだろうか。今までなら、決まっていたある状況の形容が、別の形容でできないだろうか。

靴を履いて足ばやに歩くときのオノマトペは、「カッコツ」が普通であろうか。別の音は聞こえないだろうか。「タキタキ」はどうか。

「あのさ、今日、家の前をタキタキと靴音を立てて歩いている人がいてさ……」
「なに、それ？」
「つまりね……」

家族の会話の種が一つできるかもしれない。

と、このように、「ムボッ」と「タキタキ」を創ってみたのであるが、油断してはならない。これは、辞書などには載っていないだけで、たとえば、周りのマンガ、雑誌などに使われているかもしれない。「創る」ためには、周囲への注意も欠かせないのだ。

こんなふうに、オノマトペを創るトレーニングを日々積めば、オノマトペだけでなく、日常の言葉に対する感覚は、いやがうえにも研ぎ澄まされてゆくことだろう。それは、生き生きとしたコミュニケーションに欠かせないトレー、いや、トレーニングといってはつまらない。「創って遊ぶ」のである。

第2章　愛でる・感じるオノマトペ

この章では、小説やマンガのオノマトペをとりあげて、そのオノマトペの持つ特徴や魅力にせまりたいと思います。オノマトペを愛《め》で、感じることによって、そのオノマトペの持っている大きなコミュニケーションの力を見ていきましょう。

ゴルゴ13、「シュボッ」の謎を追う

「シュボッ」とは、どういった感じのオノマトペだと思われるであろうか。なにか、こすれた感じがあり、勢いよく広がったりふくらんだりする感じ、などと思えたら、前章でのトレーニング、いや、創って遊ぶ精神が生きている証拠である。

実はこれは、さいとう・たかを氏作の『ゴルゴ13（サーティーン）』という劇画で、ライターの火を点《つ》けるときのオノマトペである。まさに、瞬間的にこすれ、勢いよく火が点くさまを、よく表わしている。

しかし、この「シュボッ」の持つ、オノマトペとしての特性は、それだけではない。「シュボッ」と火が点くライターは、どんなライターであろうか。百円ライターではありえない。百円ライターなら、「カチカチ」とか、もっと軽く、ふくらみのない音を表わすオノマトペがふさわしい。「シュボッ」と火が点くライターは、高級ライターである。ガ

ス注入式で、やや小振りなのに、ずっしりと重みがあり、表面は金色。でなくとも、少なくとも、金色の部分がある。また、細かな文様が入っている。

どうだろう。オノマトペの「シュボッ」だけで、ライターの品質から形状までを表わしてしまうのである。驚くべきことではないだろうか。

そして、この「シュボッ」が、なんとも、主人公ゴルゴに合うのである。

こんにち、喫煙という習慣は、かなりマイナーなものとなっている。いや、公共の場などでは、はっきり白眼視されているといっていい。かくいう私も、喫煙の習慣はない。経験はあるが。

それはそれとして、ゴルゴが、細身の葉巻に「シュボッ」と火を点け、依頼人に向かって「話を……聞こうか」と告げるシーンには、なんとも言えないダンディズムを感じる。事実、インターネットのゴルゴについての書き込みには、この「シュボッ」を効果音として使っているものが多くある。

少なくとも、あの大きな徳用マッチの箱から、マッチ棒を取り出して、極太の葉巻に火を点けるゴルゴは、想像できない。いや、見たくない。

これほどの特徴があるものだから、ゴルゴの、いわゆる「謎本」、つまり、ゴルゴについての蘊蓄《うんちく》をかたむけた本には、当然、これがいつから使われて、どういう由来のものなのかということについての記述があるものと思った。

が、ないのである。使った武器はどうだとか、得た報酬の最高額と最低額はどれぐらいかとか、関係した女性は幾人かとか、それなりに蘊蓄はかたむけているのだが、肝心の「シュボッ」がない。役に立たないではないか。まったく、どこを読んでいるのか。

というわけで、こうなったら自分で調べてみるしかない。出版されているぶんは全巻を所蔵している、リイド社版のシリーズを第1巻から読み進めていった。

そうしたところ、意外なことがわかったのである。

最初は違っていた

実は、軽く考えていた。じきに「シュボッ」が現われて、第何巻の第何話から「シュボッ」が出ていると、すぐに報告できると思っていた。はじめから「シュボッ」だと固く信じていたのである。

ライターの火を点けるシーンは、早くも、第1巻に出てきた。しかし、そのオノマトペは、なんと「チャッ」であった（第1話「ビッグ・セイフ作戦」図1）。

はじめから「シュボッ」ではなかったのである。まったく気づいていなかった。まったく、どこを読んでいたのか。

この「チャッ」は、しかし、ライターの点火専用ではない。さいとう・たかを劇画ファンならご存じだと思うが、素早い身のこなしで銃を手に取り、構えるときのオノマトペも、

「チャッ」なのである。この、「チャッ」は、実は、江戸時代からあるオノマトペで、わずかな動作を素早くおこなうさまを表わすものとして用いられている。「位牌をちゃっと拝む」のように。

図１：全巻中、ゴルゴが最初に火を点けたシーン。第１巻「ビッグ・セイフ作戦」（1968年11月作品）©さいとう・たかを／さいとう・プロダクション／小学館

　この「チャッ」というオノマトペを、素早い身のこなしで銃を構えるときのものとして用いているところに、さいとう・たかを氏独自の創造を認めることができる。けれども、「チャッ」は、それだけではなく、銃を構えたときに出る金属音も表わしているように思われる。

　オノマトペは、いわゆる擬音語と擬態語をあわせた概念の言葉だと、冒頭の「はじめに」のところで一言したが、こんな場合、「オノマトペ」という用語は、本当に便利である。擬音語の「チャッ」とも、擬態語の「チャッ」とも限定せずに、広く、オノマトペの「チャッ」と言えるのだから。

　話をライターにもどして、ライターの火を点けるときの「チャッ」はどうか。いま述べた、わずかな動作を素早くおこなう、という点から言えば、ちょっと違和感を感じないでもない。何をあわてて、ライターに素早く点火しようというのだろうか。

そこで、さらに子細に見てみると、ライター自体も、ジッポーのライターのようなカバーを跳ね上げる形式のようなものである。そうすると、これは、単に火を点けるというよりは、カバーを開いて火を点ける一連の動作を表わすオノマトペということになりそうである。カバーを跳ね上げるオノマトペとして考えられるのは「カチャッ」であるが、それよりは、かすかで短い音を表わしたものが「チャッ」なのである。

次に現われたものは……

「チャッ」が何度か続いたあとに、お待ちかねの「シュボッ」が現われると思っていた。期待は、みごとに裏切られた。次に出てきたのは「シュバッ」だったのである（第3巻「狙撃《そげき》のGT」図2）。

ああ、微妙に違うではないか。

大差ない、と思われるかもしれない。

しかし、違うのである。

「シュバッ」では、火がすこし強すぎるのである。「シュボッ」は、火が丸くこもる感じ。だからこそ、高級ライターなのである。けれども、「シュバッ」は、火がほとばしるでは

図２：やや火の加減が強すぎる。第３巻「狙撃のＧＴ」（1969年８月作品）©さいとう・たかを／さいとう・プロダクション／小学館

ないか。

　満たされない思いでさらに読み続けていくと、なんと「シュバッ」は、ライター専用でないこともわかってきた。マッチですっても「シュバッ」なのである。

　けれども、だんだんわかってきたことは、「チャッ」が、ライターのカバーを開いて火を点ける一連の動作を示すオノマトペであったのに対して、「シュバッ」は、火そのものが点《とも》るところに限定されたオノマトペなのである。また、「シュバッ」も、「チャッ」と同様、火が瞬間的に点る際の、様子と音をともに表わしたものとみてよかろう。たしかに、そんなふうな音が聞こえる。

　この「シュバッ」は、その後もかなり続き、ゴルゴがライターで火を点けるときも、使われている。「シュバッ」では、ゴルゴらしくないと前述した。が、それは、今の円熟したゴルゴを知っているからなのである。ゴルゴも最初から、すべてが完璧なわけではなかった。成長してきたのである。ゴルゴが真のゴルゴになるには、時が必要だったのである。

「シュボッ」を追い求める旅は、まだまだ続いた。

そんなこと言っちゃって、結構、楽しみながら読んでるんじゃないか、と指摘されるかもしれない。たしかに、「シュボッ」を見つけようと、『ゴルゴ13』を読み直していると、ときに、つい魅入られてしまうこともある。しかし、お目当ての「シュボッ」がなかなか見つからないのは、やはり、それ以上に苦しい、いや悔しいものなのである。

「シュボッ」登場！

そして、ついに、「シュボッ」が現われた。しかし……しかし、なのである。「シュボッ」と火を点けたのは、ゴルゴではなかった！　刑事同士で、タバコに火を点けてやるシーンで現われたのである（第11巻「ROOM・NO.909」図3）。

その後、「シュボッ」は表舞台から、完全に姿を消す。まさに、深く潜ってしまったかのようである。そして、ゴルゴは、ずっと、「シュバッ」と火を点け続ける。

ゴルゴがタバコの火を点けるオノマトペだけで、これほど振り回されるとは思わなかった。生まれや育ちをはじめとして、その謎を解明しようとするものたちが、次々に消されたり、命からがら生き延びても、真実は結局わからず迷路にはまるわけである。

しかし、ついに歓喜のときはやってきた。

第35巻である。

「シュボッ」が現われてから24巻にわたって、「シュバッ」を使っていたゴルゴが、ついに、「シュボッ」を使った（第35巻「独裁者の晩餐《ばんさん》」図4）。しかも、画面は、ライターと細身の葉巻を大きくクローズアップにして、私のこれまでの苦労と苦悩をねぎらうかのようである。ライターには、斜め格子の文様が刻んであり、細かいスクリーン・トーンがかけてあるので、たぶん金色。点火する部分は、ライターの側面にある。火は丸い。ただ、ガスの出る量の調整がすこし甘いようで、火の周りに余分な煙が立っている。


さて、ここまでで、ゴルゴの「シュボッ」を追いかける旅は、ひとまず終わりである。もしかしたら、また、陽動作戦で「シュバッ」や「チャッ」「チャバッ」などが使われているかも

図3：最初に「シュボッ」を使ったのは刑事だった。第11巻「ROOM・NO.909」（1971年10月作品）©さいとう・たかを／さいとう・プロダクション／小学館

図４：霧の中、ライターの音とともにゴルゴは現われる。第35巻「独裁者の晩餐」（1977年７月作品）©さいとう・たかを／さいとう・プロダクション／小学館

しれない。しかし、さすがに、いまや全部で一五〇巻（現在は、一九四巻）を超えるすべてを見るのは止めておこう。ゴルゴのすべての秘密を明らかにしようとしたものの運命は、すでに何度も描かれている通りである。このあたりで満足しておくのがよいだろう。話を……変えようか。

「コトコト」の歴史を探る

「コトコト」といえば、何を思い浮かべるであろうか。「コトコト煮込む」「コトコト壁をたたく」のようなものであろうか。しかし、「コトコト笑う」という言い方を思い浮かべたかたはいらっしゃるだろうか。「コトコト壁をたたく」と「コトコト笑う」に、どんなつながりがあるのか。どんな謎があるのか。

この「コトコト」、歴史的には、四〇〇年ぐらいさかのぼることができ、一六〇三〜〇四年に成立・刊行された『日葡《にっぽ》辞《じ》書《しょ》』という辞典に載っている。この『日葡辞書』とは、一六世紀の中葉以降に来日したキリスト教宣教師たちが、日本語を学習するために編んだ、日本語・ポルトガル語対訳辞書である。

つまり、日本語をポルトガル語で説明したものである。語数は、三三〇〇〇語ほどである。現在の中型の国語辞典よりも、少し少なめぐらいか。

今から四〇〇年も前の昔、当時の日本語を、ポルトガル語で説明しようとする苦労は並大抵のことではなかったろう。しかし、日本（人）にキリスト教を布教しようとした情熱は、それを克服した。そのおかげで、当時の日本語の意味と細かなニュアンスまでがわかるのである。

当時の宣教師たちも、オノマトペに興味を持ったらしい。いや、日常語として生き生きと用いられるオノマトペこそ、民衆にキリスト教を布教する際には、知っておくべきもの、そして、知れば、コミュニケーションの上で、大きな武器となるものであったろう。宣教師が、

「ソノトキ、博士タチ、廐《うまや》ノ戸口、コトコトト、タタキマァイラァシタ」

と、言ったかどうかは定かではない。が、臨場感あふれるオノマトペが、聖書の話を聞く人々を、ぐいぐい引き込んだことは想像に難くない。この『日葡辞書』における「コトコト」の意味記述は、前記の想像上の宣教師が使っているように、戸口をたたく音を表わすものである。『日葡辞書』をさらに日本語に訳した（ややこしいが）『邦訳日葡辞書』（岩波書店）で見ると、「コトコトト」で、

戸口を叩くさま。例、Cotocototo cadouo tataqu.（ことことと門を叩く）固い物を叩く時に出る音をさせながら戸口をたたく。

とある。

実は、さっきの宣教師に語らせた言葉は、イエス・キリストが生まれたばかりの廏を想定していた。聖夜である。博士たちが、戸口をガンガンたたくはずはない。軽く乾いた、やや控えめな音をたてたことであろう。まさに、「コトコト」がふさわしい。

それにしても、『日葡辞書』。意味が書いてあり、用例があって、ニュアンスまで説明してある。現代の辞書と比べても、けっして引けをとらない。四〇〇年も前に、こんなすごいものがあったことは、もっともっと知られていい。引くたびに、そう思う。

「コトコト笑う」を使ったのは……

「コトコト笑う」に話をもどそう。「コトコト笑う」と聞いて、あ、あれか、『伊豆の踊子』か、と思った人は記憶力がいい。

そこを、まず引用してみよう。

仄暗い湯殿の奥から、突然裸の女が走り出して来たかと思ふと、脱衣場の突鼻に川岸へ飛下りさうな格好で立ち、両手を一ぱいに伸して何か叫んでゐる。手拭もない真裸だ。それが踊子だつた。若桐のやうに足のよく伸びた白い裸身を眺めて、私は心に清水を感じ、ほうつと深い息を吐いてから、**ことこと**笑つた。子供なんだ。

そう、「コトコト笑う」を使ったのは、川端康成である。

これは、大正一五年一月に書かれたと、『伊豆の踊子』の初版本の作品末に記してある。大正一五年は、一九二六年である。今から、八〇年ほど前になる。引用では、初版本にある旧字体の漢字は、新しいものに直したが、仮名遣いだけは、古いものを残した。仮名遣いは古いが、この文章は、今のものとして読んで、まったく古い感じがしない。なぜか。

それぞれの文の終わりを書き抜いてみよう。「叫んでゐる。」「真裸だ。」「踊子だつた。」「笑つた。」「子供なんだ。」現在形と過去形が、併用されている。「た」で終わる文は、現在から過去を振り返った描写である。が、「る」「だ」で終わる文は、その振り返った時点に自分を置いて、その時点における光景や心理の描写になっている。このような手法は、いまの小説でも、ごく普通に用いられているものである。

また、やや長めの文と短めの文が、リズムよく、交えて用いられているところも、注目すべきところであろう。大きく深呼吸したあと、ふっと短く息をはき出す。そんなリズムが感じられる。

描写そのものについて言えば、ここは、『伊豆の踊子』でも、最も印象的なシーンの一つである。中盤のクライマックスと言ってもいいだろう。

主人公の学生は、湯殿にいる。その川向こうに共同湯がある。そこにいた踊子は、主人公を見つけると、我を忘れて湯殿を飛び出し、裸のまま両手を伸ばして、主人公に手を振ったのである。

それを見た主人公は、前の晩に、踊子に抱いていた疑いを瞬時にすべて消し去り、「心に清水を感じ」「深い息を吐いて」、そして、「ことこと笑う」のであった。

なぜ「コトコト」笑ったのか？

ここで主人公が、コトコト笑った背景を確認しておこう。

今から八〇年も前の話。旅芸人は、かなり差別的に扱われ、この話も、踊子は、時に身を売ることだってある、という設定で書かれている。事実、「茶店の婆さん」も、主人公に向かって、踊子たちは、「お客があればあり次第、どこにだつて泊るんでございますよ」と、ずいぶんなことを平気で言っている。

その婆さんの「甚だしい軽蔑を含んだ」言葉に、主人公は、「それならば、踊子を今夜は私の部屋に泊らせるのだ」と、義憤にかられたりする。一晩だけでも、守ってやるつもりなのである。けれども、踊子は、ほかの芸人たちと共に宿屋の座敷に呼ばれ、三味線にあわせて、太鼓をたたき続ける。その太鼓の音がとだえ、夜が静まりかえると、主人公は、「踊子の今夜が汚れるのであらうか」と思って、悶々《もんもん》とするのである。

そして、明けた朝。

主人公は、旅芸人の一行の男と、一緒に風呂に行く。そのあとに、前に引用したシーンが続く。

それで、主人公は、自分が想像していたことなど、まったく起こらなかったことを瞬時に悟るのである。「子供なんだ」という思いには、主人公の、安堵《あんど》をはじめとした、さまざまに重なる気持ちがこもっている。

その思いで、主人公は、「ことこと笑つた」のである。

昨夜《ゆうべ》からの思い過ごし。自分が人間をあまりに汚く見過ぎていたことの馬鹿らしさ。オレって今まで、ひねくれて、いったいなにやってたんだろう。自分の心に「清水を感じ」させてくれた踊子への、ありがたくて、嬉しい思い……。

具体的に、主人公の心が発した声の一部を書いてみただけでも、さまざまなものが複雑にからまりあっていることが見てとれる。

千以上の言葉を費やしても、説明できないかもしれない。説明しようとすると、『伊豆の踊子』全部を引用する必要がある。少し長くなるが、次に引用しよう……なんて、そんなことをしたら、盗作である。

どんな笑いなのだろうか

ところで、「コトコト笑う」とは、そもそも、どういう笑いなのだろうか。笑いを表わすオノマトペを、すこし考えてみよう。

くすくす　くつくつ　けたけた　けらけら　ころころ　からから　がはがは
げらげら　げたげた　いひひ　うふふ　あはは　わはは　がはは　あはっ
うふっ　くすっ　えへっ　にっ　にこっ　にたっ　にやっ　ふにゃっ　くすり
にこり　にたり　にやり　にこにこ　にやにや　いひいひ　あはあは　へらへら
うひゃひゃ　うひょひょ　うひょうひょ　うはうは　げへへ

ちょっと考えてみただけでも、こんなにも多くのものが浮かぶ。声をたてる「くすくす」「あはは」、声はたてない「にこっ」「にやにや」、しぐさが思い浮かぶ「へらへら」「うはうは」。オノマトペのタイプもさまざまである。こんなにも多くある、笑いを表わすオノマトペの中で、「ことこと」は、どんな個性を持っているのだろうか。

それは、今挙げたもののなかで、関係ありそうなものを一緒に考えてみると、際だっていくように思われる。

主人公が、「けたけた」笑ったらどうか。これはどうも、ちょっと軽すぎる。踊子のことを何かバカにしているようなニュアンスさえ感じる。

「けらけら」笑ったらどうか。明るい感じは、よい。好意も感じる。しかし、明るすぎないか。落ち着きがない。ちょっと品もない。

「からから」笑ったらどうか。朗らかである。心地よい。これは、悪くない。けれども、やはり明るすぎる。快活すぎる。主人公の、あの悶々とした気持ちは何だったのか、といぶかしくなる。「あはあは」も同じ。無邪気だが、明るすぎ。伊豆どころか、日本全国を旅しているらしい、天真爛漫《らんまん》な探偵の浅見光彦なら似合うかもしれないが。

「ころころ」笑ったらどうか。これは、かなり近い。悪くない。しかし、ちょっと幼すぎるのではないか。

「がはがは」「げたげた」「げらげら」。論外。声が大きすぎ。品もなさすぎ。

今までのところから浮かびあがる「ことこと」の個性は、軽く、明るく、しかし、はじけすぎず、穏やかな好意を表わしている、というところであろう。

もう少し、続けてみる。

「にこにこ」笑ったらどうか。これも悪くない。踊子への、優しいまなざしを感じる。しかし、まあ、ありきたりである。また、これは、踊子への直接的なまなざしは表現できるが、自省というか、内観というか、とにかく、自分自身の気持ちの深まりが、どこか感じられない。また、これには、声がない。

「くすっ」と笑ったらどうか。これも悪くない。優しいまなざしと、好意。けれども、これでは、瞬間的すぎる。自分でも押さえきれないほど、こみ上げてくる笑いが表現しきれていない。この点、「にこっ」と笑う、も同じである。

「くすくす」笑ったらどうか。これも、悪くない。だが、「にこにこ」と同じで、ありきたりである。また、少し、秘めやかすぎる気もする。

「にやにや」「へらへら」「うはうは」「いひいひ」「げへへ」。すべて論外。これでは、踊子へのよこしまな気持ちしか表わせない。

このように考えてくると、ありきたりの表現ではなく、軽く、明るく、こみ上げてくる踊子への穏やかな好意を表わしながらも、自分自身の心の再生も喜びとしている笑いを表現しようとすると、「コトコト笑う」になる、と結論づけられる。

「クックッ」笑う

「コトコト笑う」が、どういうものかの見通しはだいたいついた。

ところで、今までの文章を読んで、よく、少女マンガかなにかで、髪を長くカールさせた男の主人公が、幼い無邪気な女の子のしぐさを見て、「クックッ」と、ちょっと上体を折り曲げながら（ときに、目尻に、涙なんかにじませて）笑っている絵柄を思った方は、おられないだろうか。

この場合は、「クックッ」と、つまる音を使っている。実は、私など、「コトコト笑う」のニュアンスを考えようとすると、この「クックッ」というオノマトペを、まっさきに思い浮かべてしまうのである。この「クックッ」にあたると思われるオノマトペを古くさかのぼると、「クツクツ」というものが視野に入ってくる。

やや専門的な話になってしまうが、今なら「っ」表記する詰まる音（促音）を、古くは小書きにする習慣がなかった。なので、「くつくつ」と書いてあるだけでは、本当は、「クツクツ」なのか「クックッ」なのか判断に困る場合がある。だから、「クツクツ」を全体的に見わたす必要があるわけである。

笑いを表わすオノマトペとしての「クツクツ」は、江戸時代初期、つまり、今から四〇〇年ほど前の文献に、その例を確認することができる。

　そもそも女人成仏の法と申すは、弥陀の御請願に如《し》く事なし、何をもつて、かく言ふなれば、まづ女は、つび深くして、浮かみがたしと、おほせければ、こらへかねて、**くつくつ**笑ひ給へば、長老はらをたて給ひて、愚僧が歯の抜けて、舌内の悪しきは、

年寄のならひじやに（『昨日は今日の物語』、読みやすさを考慮して適宜、漢字等に改めた）

これは、『昨日は今日の物語』という噺本《はなしぼん》の例である。噺本とは、おおまかに言って、江戸時代初期から明治時代にいたるまでの長きにわたって刊行され続けた、現在の落語のもとにもなった、小話を集めた本だと考えておけばよい。

引用した話は、あるお寺に、身分の高い女性たちがやってきて、自分たちは罪深い身でありながら、これまで、月よ花よと浮かれてばかりいたが、そんなことではだめだと反省してやってきた、ぜひ、尊い教えをたまわりたい、と申し出たのに対して、長老の僧侶が答えたものである。

長老は言う。女人《にょにん》として成仏したいのであれば、阿弥陀さまにおすがりなさい、と。さらに続けて、重々しく言う。「そもそも、女人というものは、罪深くして……」。ところが、この長老、歯が抜けていて、発音が不確かになることがある。「つみふかくして」のところを、つい「つびふかくして」と言ってしまった。すると、その身分の高い女性たちが、思わず「クックッ」と笑ってしまったというのである。

どうしたというのか。

噺本の中には、ちょっとシモネタがかった、キワどい話も多い。ここで、長老が発音した「つび」というのは、当時、女性の陰部を指す言葉であった。発音が不確かな長老は、はからずも、女性の前で、言ってはならない単語を口にしてしまったのである。

重々しく真面目に、とんでもないことを言ってしまう。これは、この江戸時代から、昭和のドリフターズにいたるまで変わらぬ、ギャグの基本の一つらしい。

ここで、やってきた人たちが身分の高い女性である、というのが効いてくる。開けっぴろげに大笑いするわけにはいかない。でも、我慢できない。だから、ひそやかに笑ったのである。「クックッ」と。

ただし、この「クックッ笑う」は、「コトコト笑う」で見たような、好意あるまなざしや、自身への内省といったものは感じられない。それだけに、「コトコト笑う」の、それまでにない独自性が光るのである。やはり、恐るべし、川端康成。

「クックッ」と「コトコト」

さて、「クックッ」は、笑いの形容だけでなく、ものが低い温度で煮える形容にも使われる。

銭瘡薬、大黄ヲコマカニスリテ、米ノ酢ニトキテ、竹ノ筒ニ入レテ、赤石ヲ焼テ、ソノアツキヲ中ヘ入レテ、クツ〳〵ト云ワセテ薬ヲアタ、メテ付クハ、一付ニテ吉也ト、この例は、『多聞院日記』という、室町時代の奈良・興福寺の僧侶たちによって書き継がれた日記にあるものである（読みやすくなるように、一部送りがなを補っている）。永禄一一年五月二一日の記事というから、西暦でいえば一五六八年、今から四四〇年も昔の例である。

これは、薬の調合のしかたを述べたもので、大黄《だいおう》という、今でも漢方などで使われる薬草を細かくすって、米酢にとき、それを竹筒に入れ、さらに、熱く焼いた石を中に入れて、「くつくつ」といわせて温めろ、というのである。

熱く焼いた石を、大黄をといた米酢に入れるのであるから、最初は、じゅっという音がするだろうが、そのあとは、石の余熱で、ゆっくり温まることになるのだろう。

まさに、今でいえば「コトコト」である。

「コトコト」煮込む、といえば、弱火で、じっくり時間をかけて煮込むことをいう。その「コトコト」煮込むというような例は、いったい、いつからあるのだろうか。それを調べてみると、意外に古い例は見つけられない。新しい言い方なのである。

清子の茶粥は善福寺の老和尚からの直伝である。極上等の緑茶で仕立てる。はじめつから茶汁で**コトコト**煮るよりは、土鍋の粥が煮あがるちよつと前に小袋の茶を入れたはうが匂いも味もずんと上である。

これは、矢田津世子『茶粥の記』の一節。なんと、一九四一年の例なのである。それでは、それまで、どういうオノマトペが使われていたのか。「クックツ」なのである。意外に最近まで使われ続けていたことに驚く。つまり、〈弱火でじっくり時間をかけて煮る〉意のコトコトは、クックツを受け継いだもの、ということになる。言い換えれば、クックツが古くなって、新しく使われるようになったものがコトコトだということになる。古くからあるように思えるものが、意外に新しいものだったのだ。

「コトコト笑う」にいたるまで

さて、今までの、「コトコト」と「クックツ」の関係を、大まかに図式化してみよう。なお、〈小さく笑う〉さま、のところに、「クスクス」も補ってみた。これは、調べてみると、「クックツ」笑うよりも、時代的には少々あとになるようなので、表示を少し下にずらしてみた。

	室町	江戸	現代
〈戸を叩く〉	コトコト	コトコト	コトコト
〈弱火で煮る〉	クツクツ	クツクツ	コトコト
〈小さく笑う〉	――	クツクツ	コトコト
	――	クスクス	クスクス

こうしてみると、「クツクツ」の勢力範囲を、「コトコト」と「クスクス」が侵食していったさまが、見えてくる。

「クツクツ」は、昔は本当にそんなに勢力のあった言い方だったのか。これが、調べてみると、本当にそうだったようなのである。

「青空文庫」というインターネットのサイトがある。知っているひとももちろん多いであろうが、著作権の切れた作家の作品を中心に、ボランティアの人々が本文を入力して、誰でもが利用できるようになっている。実は、前に引用した、「コトコト煮る」の例（矢田津世子『茶粥の記』）も、これで検索したものなのである。もちろん、検索した結果は、念のため、全集などのような、信頼できる本文で確認してある。それは、以下も同様である。

まず、「クツクツ笑う」の例。これが、本当によく出てくる。そのうちのいくつかを引いてみよう。

見送りに出た両人が席へ返るや否や迷亭が「ありや何だい」と主人も「ありあ何だい」と双方から同じ問をかける。奥の部屋で細君が怺《こら》へ切れなかつたと見えて**クツク**笑ふ声が聞える。（夏目漱石『吾輩は猫である』一九〇四年）

私は**クツクツ**笑ひ出してしまつた。のろい閑散な夜汽車に乗つて退屈してゐると、こんなにユカイなコントがめつかつた。（林芙美子『放浪記』一九二八年）

十四、五、六の娘たち、たがひに目まぜ、こつくり首肯《うなず》き、くすぐつたげに首筋ちぢめて、**くつくつ**笑ふ、（太宰治『二十世紀旗手』一九三七年）

「戸がしまったから分りましたが、恐縮して忍び足で逃げたんですね。あの人らしくもない」九太夫は**クツクツ**笑いだした。（坂口安吾『能面の秘密』一九五五年）

見てわかるとおり、有名な作家ばかりが、戦後にいたるまで用いている。漱石の「猫」に、「クックツ」があったなんて、まったく覚えていなかった。ちなみに、太宰治は「クツクツ笑う」がお気に入りのようで、よく使っている。次に、「クツクツ煮る」の例。

日の暮れる前から何処の家でも申合はせたやうに雨戸を立ててしまった。黒いカーテンを張りめぐらした部屋ではくつくつと鳥鍋が煮えてゐた。(原民喜『冬日記』一九四六年)

なんと、「クツクツ煮る」も、戦後にいたるまで、絶滅せずに用いられているのである。そこから考えれば、その後、「コトコト煮る」の新鮮さが、それまで根強かった「クツクツ」の勢力を追い払ってしまったのだろう。

さて、このへんで、もともとの話にもどそう。どうして、こんな話になったのであったろうか。もともとは、「コトコト笑う」のことを考えていたのであった。それを考えると、なんと話が広がってしまったことか。けれども、「コトコト笑う」という表現が成り立つまでには、「クツクツ」と「コトコト」の競合という背景があったのである。

「コトコト笑う」は、実は、今のところ、『伊豆の踊子』以外の例を見つけていない。それだけ斬新なオノマトペなのである。しかし、一つ、気になることがある。川端は、『伊豆の踊子』で、突然ひらめいて、「コトコト」を使ったのだろうか。それとも、それまでの、習作か短編かで、試しに使ってみていたのだろうか。温存していたエースを、ここぞと登板させたのか、それとも、以前に、肩慣らしで、中継ぎ程度で出していたのか。
それを明らかにするためには、『伊豆の踊子』にいたるまでの作品を、全集のようなものので、年代順に追って読まなければならない。が、さすがに、そこまでの気力は、いまのところ、ない。どなたか、お願いできませんか？　そして、そっと教えてください。

『伊豆の踊子』のオノマトペ

「コトコト笑う」をめぐって、こんなにも話が展開してきた。このような例を見ると、『伊豆の踊子』には、独創的なオノマトペが他にも多くあるのではないかと期待されるが、それは、残念ながらはずれてしまう。あとは、意外にごく普通の用法ばかりなのである。ただ、もう一つ、今の眼から見て違和感を感じそうなのは、

女の金切声が時々稲妻のやうに闇夜に鋭く通つた。私は神経を尖らせて、いつまでも戸を明けたまゝぢつと坐つてゐた。太鼓の音が聞える度に胸が**ほう**と明るんだ。

のくだりの、「胸がほうと明るんだ」の「ほう」である。これも、川端独自のオノマトペの例と考えられるものである。『日本国語大辞典』第二版によると、『伊豆の踊子』（一

九二六年）よりも古い例として、『招魂祭一景』（一九二一年）の例が示されている。それを、確実な本文で引きなおす。

頤《おとがい》が斜《ななめ》に落ちてしまひさうな、突き出す、――その真似を二三度、鬣《たてがみ》の影でやつてみると、**ほう**と心が明るくなつた。

つまり、「ほう」のほうは、『伊豆の踊子』以前に、すでに登板しているのである。この「ほう」は、おおざっぱには〈ほんの少し明るくなるさま〉といってよいではあろうが、「ぽっ」よりは、やや暗めで、瞬間的に明るくなる、というよりは、少しゆるやかに明るくなり、ほんのわずかの時間だけ明るさが持続して消える、というような感じであろうか。すりガラス越しの明かりが、わずかに明るくなっては消えるような場面が想像される。

この部分は、実は、「コトコト笑う」の前段階となる、夜、踊子が座敷に呼ばれて太鼓をたたく音を、悶々としながら、主人公が聞いているシーンである。いわば、前半のヤマ場ともいえる箇所。そこの描写の部分に、「ほう」が投入されているわけである。

一方、『伊豆の踊子』には、ごく普通のオノマトペも、多く使われている。

その中でも印象的なものを、二つ三つ記してみよう。

「まあ！　厭らしい。この子は色気づいたんだよ。あれあれあれ――。」と、四十女が呆れ果てたと云ふ風に眉をひそめて手拭を投げた。踊子はそれを拾つて窮屈さうに畳を拭いた。

この意外な言葉で、私はふと自分を省みた。峠の婆さんに煽り立てられた空想が**ぽきん**と折れるのを感じた。

主人公にお茶を出そうとする踊子は、手がふるえて、茶を畳にこぼしてしまう。それを見て四十女は、「色気づいた」とあきれかえる。手がふるえたのは、自分を異性として意識しているからだと気づいた主人公は、「空想がぽきんと折れる」気持ちになる。「空想がぽきんと折れる」の「空想」とは、五〇ページに書いた、踊子を一晩自分のもとに泊めて守ってやりたいということをさすものと思われる。しかし、それも、踊子がまだあどけない少女であるという前提である。異性としての自分を、強く意識しているのであれば、お互い気詰まりで、自分の部屋に泊めるなどということは、どだい無理である。伸び上がっていた空想の細い樹は、まさに、ぽきんと折れてしまったのである。

暫く低い声が続いてから踊子の云ふのが聞えた。

「いい人ね。」

「それはさう。いい人らしい。」
「ほんとにいい人ね。いい人はいいね。」
この物云ひは単純で明けつ放しな響きを持つてゐた。感情の傾きをぽいと幼く投出して見せた声だつた。

ここは、踊子と千代子のやりとりで、踊子の「ほんとにいい人ね。いい人はいいね。」という言葉について、ぽいと幼く投げ出す、という表現を用いている。幼子が、手に持っていたおもちゃを、むぞうさに放るような。幼子のようなあどけなさ。幼子のような邪気のなさ。そんな感じを受ける。

「孤児根性」で、他人を素直に信じられない気持ちになっていた主人公は、ひとを信じるということは、「いい人はいい」と邪気なく、ぽいと思うことなのだということを、改めて知るのである。

はしけはひどく揺れた。踊子はやはり唇をきつと閉ぢたまま一方を見つめてゐた。私が縄梯子に捉まらうとして振返つた時、さよならを云はうとしたが、それも止して、もう一ぺんうなづいて見せた。

下田での、踊子との別れのシーンである。踊子は、主人公が船に乗るのを見送りにきたが、一言もしゃべらない。ただ主人公の言葉に、こくりこくりうなずくだけなのであった。主人公が船に乗るときになっても、やはりしゃべろうとしない。「きっ」と閉じられた唇には、別れをこらえる、多感な少女の精一杯の気持ちがこめられている。声はださない。しかし、心の声は、主人公にはとどいているにちがいない。

主人公が、まさに船に乗ろうとして、縄ばしごにつかまろうとしながら振り返ったとき、踊子は、意を決して「さよなら」を言おうとする。けれども、それもやめて、また、同じようにもう一度うなずくだけなのであった。

最後に踊子が「さよなら」を言おうとしたことが、なぜ主人公にはわかったのか。口が、そういうふうに動きかけたということなのであろうか。「さ」を発音しようと動きかける口。しかし、きっと閉じた唇は開かない。「さよなら」を言ったら、本当のさよならになってしまう。

以上、ちょっと自分の思い入れで選んでしまったのだが、ごく普通のオノマトペでも、こんなに印象は強くなる。

絶妙に使われたオノマトペ

ごく普通のオノマトペのようでも、強い印象を与えるものは多い。そのようなものを、いくつか紹介してみよう。

放庵さんの草庵は、ビロードのようにねっとりと濃い闇のなかにつつましやかにひかえている。(第一部第七章「お庄屋ごろし」)

これは、横溝正史の『悪魔の手毬唄』(一九五七年)のはじめのほう、金田一耕助が、放庵さんという人の小さな草庵をたずねていくシーンである。不気味さをかもしだす濃い闇。その形容に、「ビロードのように」という比喩《ひゆ》を用いつつ、重ねて用いられている「ねっとり」が、この先にある出来事を、なにか暗示するようでもある。

ビロードに「ねっとり」というのは、ちょっと理解しづらい。ビロードは、むしろさらさらした手ざわりで、「ねっとり」ではないような気がする。

が、この「ねっとり」は、ビロードの肌ざわりではなく、視覚のほうから引きだしてきた感覚ではないかと気づいた。あの光沢。光を反射するでもなく、吸い込むでもない。まるで、光を、短い毛足のところにためながら、視線の動きにつれて、出し惜しみするかのように、わずかずつ反射させるような感覚。それが、「ねっとり」なのだろう。

ようこそ。これから、思う存分、「ねっとり」した世界にご案内しますよ。そんな声が、どこからか聞こえてきそうである。

ほんの短い時間だが、眠りに落ちていたらしい。**カタン**と小さなショックを感じて目覚めた。西村裕一は反射的に立ち上がって、ドアの方向へ急いだ。（プロローグ）

横溝正史を、ミステリー文学の根源として、深く尊敬しているという内田康夫の『透明な遺書』（一九九二年）の冒頭である。

うたた寝をしているときに、なにか音がして、はっと目がさめるという経験は、だれしもあるのではないかと思う。

その音が、かわいてするどい「カタン」だと、耳をつよく刺激して、目のさめかたも、急に現実に引きもどされるような感じになる。これは、たとえば、目覚まし時計の「ピコピコ」と比べると、よくわかるように思う。延々と続く「ピコピコ」だと、するどさはたしかにあるだろうが、どこか夢の世界で聞こえる音のようでもある。それに、どこか小うるさく、わずらわしいだけで、緊張感もない。

それが、「カタン」だと、もう頭の中の世界ではない。確実に、外の世界。そして、するどい緊張感。

読者はプロローグで、この西村という登場人物と、のっけから感覚を共有して、小説世界に引きこまれていく。きわめて巧妙なオノマトペ利用だと思う。

男性と、店の人が、のんびりと言い交わしている。センセイが頭をめぐらせた。わたしを見ているようだ。視線が、じわじわと寄せてくるのが感じられる。わたしも、慎重にセンセイの方を振り向いた。(「二十二個の星」)

川上弘美の『センセイの鞄』(二〇〇一年)のはじめのほうである。この小説は、全体として、ぼうっと淡いパステル画のような世界が続くのだが、もちろん、描写のピントは、決してぼけない。

主人公のツキコさんは、しばし、センセイと疎遠になる。野球の巨人が好きか嫌いかが原因で、仲違《なかたが》いしたのである。

それが、あるとき居酒屋で偶然一緒になった。センセイの視線が、少しずつ自分に向かってくる。サーチライトのような、レーザー・ビームのような視線。それが、自分をとらえるまでの動きを、「じわじわ」で表わしている。この「じわじわ」は、視線の移動だけでなく、心理の動きも同時に表わしているように思える。ツキコさんも、「慎重にセンセイの方を振り向い」ているのであるから、「じわじわ」なのは、ツキコさんも同じなのであろう。

急がず、慎重に、しかし、確実に。しかも、すでに、ある目標を目指していることは決まっている。それが、「じわじわ」である。

二人の視線が、「じわじわ」と動いて、同一線上に重なったとき、センセイは、「こちらに、来ますか」と小さく言う。仲直りが成立する。

読者は、「じわじわ」のあいだ、ほんのちょっと、手に汗をにぎる。そして、気がつくと、自分も小説世界の中に入りこみ、居酒屋の席から、二人の仲を心配しながら眺めているのである。

国語の教科書でも

国語の教科書でも、面白いオノマトペの例は見つけることができる。「教科書でも」というところに、すでに、偏見があるではないか、と思うむきもあろう。

けれども、やはり、国語の教科書は、全国の数多くの生徒や学生が使用するものなのであるから、間違いのないものでなければならない。

間違いがない、というのは、内容ももちろんのことであるが、言葉遣いの面でもそうである。と考えると、勝手に創ったオノマトペが、はたして載るのだろうか、と思ってしまうわけである。

けれども、そんなことはなかった。中学校一年の国語の教科書（光村図書）にあった。児童文学作家の今江祥智による『麦わら帽子』という小品のなかのものである。

麦わら帽子は乾いたけれど、形がくずれ、色も落ちて、おかしなぷかぷかの帽子になってしまった。

の、「ぷかぷか」がそれである。

帽子が「ぷかぷか」とは、どういうことなのだろう。「ぶかぶか」というのは聞いたことがあり、「ぶかぶかの帽子」とは、大きすぎて頭とのあいだにかなりのすきまがあり、安定の悪いもののことを言う。だから、それにはあてはまらない。

また、教科書のさし絵を見ると、帽子は、頭の大きさという点では、マキという女の子の頭に、ぴったりあっている。また、この帽子は、神戸のおじさんがわざわざマキのために送ってきたものらしいから、頭にあわないものではないはずである。

すると、「ぷかぷかの帽子」とは、いったいどんなものなのか。

「ぷかぷか」でふつう思い起こす例は、

水鳥が川にぷかぷか浮かんでいる。

たばこの煙をプカプカふかす。

といったようなものである。軽くただよい、つかみどころがなく、たよりない感じ、といったところであろうか。

『麦わら帽子』という小品を読んでみると、兄とその友達との三人で小さな無人島にいったマキは、そこで緑色をした麦わら帽子をかぶっているのである。その小島で、マキは傷ついたカモメを見つける。カモメははじめはなつかない。カモメは帽子におびえていたらしい。

帽子をぬぐと、カモメはおとなしくなる。ところが、小島に潮が満ちはじめる。カモメをかばおうと、マキは麦わら帽子にカモメを入れる。そのために、麦わら帽子は、海水にぬれ、かたちもくずれてしまうのである。

マキをほったらかしにしていたことに、気づいた兄とその友達は、あわててマキを救いにくる。が、カモメを入れていた麦わら帽子はぐっしょりぬれてしまう。

それが、乾いたあとの描写が、「ぷかぷか」なのである。

ということは、やはり、「ぷかぷか」というオノマトペの持つ、軽く、つかみどころがなく、たよりない、という特徴が生きているのである。

型くずれがして、水に濡《ぬ》れたため、芯のなくなった麦わら帽子は、歩くだけの振動で、上下に、ふらふらゆれるであろう。しかし、「ふらふら」ではない。どこか、まだ少し張りが残っている。だから、「ぷかぷか」という表現になる。

それだけではない。ちょっと、こっけいな感じもある。だけれども、ちょっと面白くもある。かぶっていても恥ずかしくない。どこか誇らしくさえある。

「ぷかぷか麦わら帽子」の与えてくれるニュアンスは、考えてみると、けっこう深いのである。

「ぷかぷか」というオノマトペ自体は、新しいものではない。けれども、帽子のありさまについては、普通、言わないものであった。そういう意味では、「ぷかぷかの帽子」は、やはり、新しく創ったオノマトペだといってよいであろう。

もう少しくわしく見る。

まず、「ぷかぷか」という手持ちのオノマトペがある。これを別のなにかに使えないかと周りをみまわすと、あったあった、水に濡れて乾いた、どこか芯のなくなってしまった麦わら帽子だ。

というのではないだろう。

カモメを入れて、海の水に濡れて型くずれがしてしまった麦わら帽子。それでも、せっかく神戸のおじさんに買ってもらったのだから、簡単にすてるわけにはいかない。だから、日にあてて乾かした。けれども、いったん水に濡れた麦わら帽子は、もとの弾力とすがたをとりもどさない。かぶって歩くたびに、ふわふわ揺れる。——そんな帽子を想像する。そうしたら、心に浮かんできたのが、「ぷかぷか」というオノマトペだった。

こっちではないだろうか。

だから、厳密にいうと、手持ちの、いままでもあったものを転用したのではなく、やはり、あらたに心に浮かべて「創った」のである。

オノマトペを愛でる、感じる

まったく新しく創られたオノマトペを、楽しむ。

いままでにもあったオノマトペの、新しい使い方を、楽しむ。

いままでにもあったオノマトペの、新しくはないかもしれないが、とても効果的な使い方を、楽しむ。

オノマトペの楽しみ方は、さまざまある。

前の章では、自分で創って楽しむほうを考えてみたが、この章では、誰かが創ったり、使ったオノマトペを楽しむ、という方向から考えてきた。

オノマトペ・ウォッチャーになるのである。

ほほう、そうですか。なるほどなるほど。へえ、工夫しましたねえ。おっと、これは、メモしておきましょうかね——などと、オノマトペを楽しむのである。

「楽しむ」の先には、「愛でる」がある。

「楽しむ」は、まだ、どことなく「ひとごと」である。自分の外にある、客観的な対象として見ている。しかし、「愛でる」となると、少し「わがこと」になってくる。自分の感覚を信じて、対象を認識し、解釈する。

「ひとごと」と「わがこと」というのは、国語学者の渡辺実氏が編みだした学術用語であるが、「楽しむ」と「愛でる」のちがいを説明するのに、とてもうまくあてはまるような気がする。学術の世界にも、こんな、みやびでやさしい用語があるのだ。

愛でるためには、余裕がなければならない。時間の余裕と心の余裕が必要である。ゆっくりと時間をかけて味わう。なんども繰り返して味わう。

もちろん、その対象は、とても気に入ったものである。とても気に入ったものをゆっくりと時間をかけて、なんどでも繰り返して味わう。これが、「愛でる」である。

また、誰かが創ったり、使ったオノマトペを、自分の心の中で再生し、共感する。そうやって、誰かの感覚と一体になる。これが「感じる」である。「感じる」と比べると、「愛でる」は、「わがこと」とはいえ、まだ、少し「ひとごと」のようなところがある。「愛でる」対象は、まだ、自分の外にあるからだ。

しかし、「感じる」は、もはや、自分の中にとりこまれた感覚である。「感じる」という境地は、まさに「わがこと」。最高到達点なのである。

ところで、あるとき、あなたのもっとも気に入っているオノマトペはなんだ、と尋ねられたことがある。このような質問は、実は苦手である。もっとも好きな食べ物は？　もっとも好きな色は？　もっとも好きな女優は？　イヌとネコとではどっちが好き？　時と場合によるではないか。

けれども、そのような質問に答えようと思いをめぐらしていると、自分をかえりみるいい機会にもなる。自分って、本当は、なにが好きなんだっけ、と。

それで思いいたったのは、「ぷにぷに」であった。私のもっとも好きなオノマトペは、「ぷにぷに」だったのである。自分でも驚いた。

何を連想するであろうか。「ぷにぷに」。柔らかい。しかも、ほどよい弾力がある。押すとへこむけれども、すぐに、もとにもどる。なんど押しても飽きない。ここちよい。何？　それは、おっぱいではないのかって？　いやあ、それもあるかもしれない。まあ、あってもいい。いいですよ。ええ。

けれども、私が思っていたのは、実は、ネコの足の肉球である。それも、指のほうである。掌の部分ではない。あそこを、あのちっちゃい、それこそネコの額よりもさらにせまいところを、人差し指の先で、ちょんちょんと、つっつく。ネコには迷惑だろう。すまん。しかし、楽しいではないか。

ネコの肉球好きのひとは、とても多いと思う。全日本肉球愛好者連合とかつくったら、大きな団体になるのではないか。ただ、略称はむずかしいが。全肉連。変だ。全球連。やはり、変だ。

ネコの肉球を模したマウスパッドがあると聞いて、さっそく購入した。肉球の部分は、シリコンでできている。感触は、まあまあ似ている。が、欲を言えば、これでは、弾力がやや足りない。「ぷにぷに」にならない。押し返してくる力が、若干よわいのである。というわけで、オノマトペは、「ぷにぷに」を愛でている。その感覚を、感じてもらえるであろうか。

先人のみごとなオノマトペを楽しみ、愛で、感じる、ということは、すなわち、先人のすぐれたコミュニケーションを追体験する、ということでもある。まあ、私の「ぷにぷに」はどうでもいいので、日々目にする小説や、ふとした会話の中に、楽しみ、愛で、感じられるオノマトペを見つけてほしい。見つけられたら、それは、自分のコミュニケーション能力が少しアップしたことになるのである。

第3章　オノマトペのある暮し

わたしたちの暮しは、オノマトペに囲まれています。音を表わすものだけでなく、心理的な感覚を表わすものも多い。暮しのなかのオノマトペは、それ自体がコミュニケーションであることもあり、大活躍をしているのです。

食べるオノマトペ

ひょい（器を手に取る）。はふっ、はふふっ、さくさく、ふーふー、ずびずび、ずびびっ、さくさくさく、ずびっ、ずびっ、さくさくさく。リーンリーン（電話）。（構わず）ずびっ、ずびびー。（電話が鳴る）「ただいま、お茶漬け中」（電話に張り紙）

これはなんだと思われるだろうか。実は、これは、一九九〇年代前半に放映された、あるメーカーの即席お茶漬け海苔《のり》のCMを、オノマトペに表わしてみたものである。あ、あれかと、思い出すかたも多いのではないかと思う。当初、この即席お茶漬け海苔の食べ方は品がない、音を立ててきたない、などと反響を呼んだものである。それに対して、お腹がすいているときには、これぐらい元気な食欲があってもいいのではないかと言う人もいた。

その後、この手の、音を必要以上と思われるぐらいに立てて食べるCMは見ないような気がするので、さすがに、あまりに刺激的すぎるというので、やめてしまったのだろう。

そのCMを知らない、というかたのために少し解説すると、ご飯に即席お茶づけ海苔を振りかけて熱湯を入れ、かきまわし、湯気の立ちのぼる器を手にとって、汗をだらだら流しながら、ものすごいスピードで、かっこむ（まさに、「かっこむ」）のである。たしか、夏に放映されたような気もするので、この暑い中に即席茶漬けか、と思うと、暑さが倍になるかと思いきや、暑いときには熱いものも、けっこういけるんだよな、しっかり汗をかいてさっぱりするんだ、などと納得もしたのであった。

けれども、やはり、このCMのインパクトは、激しい音をたてながら即席茶漬けをかっこむところにあった。「ずびずび」というオノマトペが、まさにぴったりのものなのであった。

食べるときには、品よく、音などたててはならない、とは、食事の基本的なマナーである。けれども、それは、実は改まった席のこと。庶民的なレベルでは、食べるときは、少しぐらい元気なほうが、活力を感じられるのではないか。「野趣」などという言葉も思い出す。

たとえば、そば、うどん。一本、小さなおしゃもじに取り、おちょぼ口にして、音をたてないように、つるるっと吸い込む。また、一本、小さな……ああ、じれったい。そばやうどん、そんなにお品よく食べてどうする。冷めてしまう。伸びてしまう。これは、やはり、ずるるっと音をたてて食べたいではないか。

もちろん、下品のレベルまで落ちてしまってはならないが。

カキフライをかみつぶす

カキフライをかみつぶすときの、もっとも正しいオノマトペはなんだろうか。「もっとも正しい」なんていうのはない、というむきもあるだろうが、あえて考えてほしい。

ただし、これには、すでに答えを出している人がいる。東海林《しょうじ》さだお氏である。氏によれば、カキフライをかみつぶすときの、オノマトペは、「ぐっちゃり」である。

実は、これには裏話がある。

「はじめに」のところでも少しふれた『日本語オノマトペ辞典』が出たときのこと。『週刊朝日』で、「あれも食いたいこれも食いたい」という連載をしている東海林氏は、「カキフライに関する考察」というテーマを取り上げた。二〇〇七年一一月三〇日号である。まさに、カキのいい季節なのであった。

そして、カキフライを味わうときの眼目は、「ぐっちゃり」だと、高らかに宣言したのである。

ところが、このとき、『日本語オノマトペ辞典』を引いてみると、そこには、「ぐっちゃり」が、「水けを含んだやわらかいものがつぶれたり、ねばついてきたないさま」と書いてあった。これが東海林氏には、カチンときたらしい。

「この編者は、ぐっちゃりに好感を持ってないことがよくわかる」「むしろ不快感に近いものを持っている」と述べる。そして、返す刀で、「それなのにカキフライはおいしい」「ぐっちゃりがおいしいのだ」、と「ぐっちゃり」の勝利をうたったのである。

『日本語オノマトペ辞典』が出たのが、一〇月三一日。カキフライを話題にした『週刊朝日』の日付が一一月三〇日号。なんと、すばやく入手したものか。いや、入手して「くださった」ものか。それは、本当にありがたい。

けれども、そこは誤解ですよ、東海林さん。ここで誤解を解いてもいいですか。

辞書の記述

まず、辞書の記述が、そのまま編者の意見そのものかというと、必ずしもそうではない。辞書は、ある編者に言わせれば、「かがみ」なのだという。世の中の人たちの考え方を映す「鏡」だというのである。

「ぐっちゃり」の辞書における意味記述が、「水けを含んだやわらかいものがつぶれたり、ねばついてきたないさま」と書いてあったからといって、編者自身が、「ぐっちゃり」に不快感を抱いているわけではない。

あくまでも、一般的に、そのように考えられている、ということを記しているだけなのである。殺人事件をテーマに書く推理小説作家が、殺人を好んでいるわけではないことと同じである。

また、「ぐっちゃり」に、マイナスイメージがあったとしても、そのことと、その言葉が好きか嫌いかとは関わりない。東海林氏の述べ方は、「ぐっちゃりに好感を持ってない」というものだから、言葉自体についての好悪は問題にしていないのかもしれないのだが、念のため一言述べておきたい。

そう言うと、あるいは、編者としての気持ちはわかったが、それでは個人的にはどうなんだ、と言われるかもしれない。

個人的に言えば、「ぐっちゃり」な事態は、通常、あまりいい状況だとは思えない。と書くと、前言と矛盾するではないか、と思われるかもしれないが、矛盾していない。言いたいのは、「編者」はあくまでも公平な立場なのだ、ということである。

おろしたてのコートに、マーマレードをぐっちゃりとこぼしてしまった。

傷口を放っておいたら、ぐっちゃりと膿《う》んでしまった。

夕立の中を走ったら、汗と雨で服がぐっちゃりと濡れた。

このような例を考えてみると、やはり、「ぐっちゃり」は、あまりいい状況を表わさないように思える。

「ぐっちゃり」の今

ところが、「ぐっちゃり」を、インターネットで検索してみると、「ぐっちゃり」にあまり「きたない」イメージを持たないような用例が多く目に付く。以下は、目にした用例を、なるべく原態をそこなわないように整えたものである。

畳んでおいた毛布にネコが寝て、**ぐっちゃり**してしまった。
小さな魚たちが、浅瀬に**ぐっちゃり**と群れている。
今日はとても忙しくて、帰ったら**ぐっちゃり**寝てしまった。

いかがであろうか。特に、二番目の、魚が多く集まるさまの例は、非常に多い。スキューバダイビングをするような人たちに好まれる言い方なのだろうか。短い例なので、わかりづらいかもしれないが、乱雑さは感じるものの、きたなさは感じない。とすると、『日本語オノマトペ辞典』の「ぐっちゃり」の意味として記した、「水けを含んだやわらかいものがつぶれたり、ねばついてきたないさま」のうちの、「きたない」は余計だったのかもしれない。

いや、それどころではない。

毛布の例も、くたびれて寝てしまった例も、「水けを含んだ」というところと違ってくる。「つぶれたり、ねばついて」のところも違う。「ぐっちゃり寝る」からは、少しつぶれた感じも受けるが。

つまり、この三つの「ぐっちゃり」の例からは、「柔らかなものが、まとまりなく、乱雑にかたまっているさま」というような意味が得られるが、現行の「水けを含んだやわらかいものがつぶれたり、ねばついてきたないさま」とは、ずいぶん違ったものとなるのである。

けれども、「柔らかなものが、まとまりなく、乱雑にかたまっているさま」だと、こんどは、カキフライの食感を表わせなくなるではないか。東海林氏も、「水けを含んだやわらかいものがつぶれたり、ねばついてきたないさま」のほうの意味の大筋を認めつつ、そこに、編者の不快感を読み取っているのである。

結論を述べよう。

「ぐっちゃり」の「柔らかなものが、まとまりなく、乱雑にかたまっているさま」の意味は、新しい意味なのである。新しい「ぐっちゃり」は、〈乱雑さ〉という点で「ぐちゃぐちゃ」と、〈柔らかさ〉という点で「ぐったり」などとの関連を持ちながら、独自のニュアンスで用いられているのである。

このような最前線の「ぐっちゃり」が、さらに広まっていけば、辞書は「かがみ」なのであるから、取り込まざるを得なくなる。この点、今後とも見守っていきたい。ただ、今すぐ取り込まなければならないかというと、ちょっと待ちたい。一過性のことで、消えるかもしれないからである。

最新の意味が、辞書に載っていない、とはよく言われることである。保守的すぎる、と。辞書は、その点、小回りがきかない。けれども、最新の意味を辞書に載せたとたん、その意味が消えてしまったらどうだろう。その辞書は、もう使われもしない古い意味を載せていることになる。だから、辞書の編者は、新しい意味が、日本語の中に、きちんと定着するかどうかを見極めている。保守的というより、慎重だと言ってほしい。

それはともかく、なんの変哲もないような「ぐっちゃり」が、いつの間にか新しい使い方になっている。新しいオノマトペを創ることだけが、創造なのではない。新しい用法を編みだすことも、また創造なのである。

カキフライを「ぐっちゃり」

さて、ここで、カキフライの食感にもどろう。東海林氏によれば、この「ぐっちゃり」

がいいとされる。けれども、そこには、東海林氏一流の細やかな観察があって、「ぐっちゃり」の前に、カラッと揚がったコロモが、サクッとした歯ざわりをさせるところがあるのがいいのだという。つまり、カラッとサクッが、あらかじめ「ぐっちゃり」を遮断しているところが大事で、その点、天ぷらのコロモでは薄すぎて、その遮断が不十分なのだというのである。

同感である。まったく同感である。

実は、私も、カキフライは大好物の一つなのである。

が、上には上がいる。私の元同僚で、中学生のときに、カキフライを四十何個だか、正確な数は忘れたが、とにかく四十個以上食べたというひとがいる。氏いわく、さすがにあとで胸焼けがしました。——あたりまえじゃい。

その話を聞いていた、別の女性の同僚が、四十何個食べたひともえらいけれど、それを揚げ続けたお母様もえらいわねえ、と言う。

最初は理解できなかったが、あとで、この、カキフライをお母様が揚げ続けていたという想像をしたところに、ほとほと敬服した。つまり、作りおいたカキフライなら、冷めてコロモもべしょべしょになり、四十何個など食べられるはずがない。とすれば、お母様は、揚げたてのカキフライを息子に食べさせようと、延々と揚げ続けたのだろう、というヨミなのである。

ジュージュー。カラッ。パクッ。サクッ。ぐっちゃり。ジュージュー。カラッ。パクッ。サクッ。ぐっちゃり……これが四十何回続くのである。うはは……。

でも、なんか、ちょっといい感じでもある。お母さんの揚げたカキフライはうまい、とばかりに、育ち盛りの勢いもかりて、次から次へと食べる中学生の息子。そんなに好きなのならと、いちばん美味《おい》しい揚げたてを出し続ける母親。

ジュージュー。カラッ。パクッ。サクッ。ぐっちゃり。——このサイクルが、そのまま母子のコミュニケーションになっているではないか。

こんなふうに考えてくると、カキフライをかみつぶす「ぐっちゃり」は、たしかに、言葉そのものの基盤的意味としてはあまりいいイメージではないのかもしれないが、活力を感じさせる食べ方を表わすときには、むしろいいイメージに反転するのである。

このようなものに、いま、「食べるオノマトペ、マイナス逆転仮説」と名付けてみたい。すなわち、食べるオノマトペは、あまりひどく下品にならない限り、むしろ、少しマイナスぐらいのほうが、全体としては、活力や野趣をもたらして、好ましく感じさせる、というものである。

これが成り立つのなら、東海林氏が、「それなのにカキフライはおいしい」「ぐっちゃりがおいしいのだ」と述べたことも、説明できる。

それを次に検証してみたい。

が、その前に、ちょっとだけ確認しておきたいことがある。それは、「ぐっちゃり」の書き方である。書き方とは、つまり、ひらがなで書くのか、カタカナで書くのか、ということである。

東海林氏は、「ぐっちゃり」はひらがなで書いて、「カラッ」「サクッ」はカタカナで書いている。前述の、母子カキフライ・コミュニケーションの表記も、それを踏襲した。なぜ、ここだけひらがななのか、と気づいたひとも多かったのではないか。

実は、統一しようとした。「グッチャリ」もカタカナで書いてみたのである。が、だめである。カタカナは、なんか生々しすぎる。ほんとに汚くつぶれてしまったような気がする。ここは、ひらがながいい。もしかして、東海林氏も同じ道をたどり、「ぐっちゃり」だけは、ひらがなで書いたのか、などとも想像する。

「グッチャリ」と、カタカナで書いては、下品になる。とすると、これも、前述の「食べるオノマトペ、マイナス逆転仮説」で述べた、「あまりひどく下品にならない限り、むしろ、少しマイナスぐらいのほうが」という部分を裏書きするのではないか。「ぐっちゃり」なら、あまり下品にならないので、カキフライの食感を、よく表わしてくれるのである。

一方、「カラッ」「サクッ」は、鋭く、キレがあるので、むしろ、カタカナがいい。オノマトペを、ひらがなで書くか、カタカナで書くかで、また、イメージやニュアンスが変わってくるのである。

いままで、はっきりと書いてはこなかったけれども、本書では、オノマトペについて一般的に述べるときには、原則としてカタカナを用いているが、個別的なそれぞれの場合には、あえて統一していない。それも、いま述べたような理由からなのである。

マイナス逆転仮説の検証

さて、あらためて、「食べるオノマトペ、マイナス逆転仮説」を考えてみよう。いくつかの具体例に基づいて、考えてみる。

最近、「ガッツリ食べる」という言い方をよく耳にする。「ガッツリ」は、最近できた言葉だと思っているむきもあろうかと思うが、「ガッツリ」そのものは、もっと前からある。しかし、意味が違う。

「なあ武どん、わたしももう大分弱いましたよ。去年の僂麻質斯《リウマチ》で**がっつり**弱い申した。昨日お墓まいりしたばかいで、まだ肩腰が痛んでな。年が寄ると何かと心細うなッて困いますよ――」（読みやすさのため表記を若干変更した）

これは、徳冨蘆花の『不如帰《ほととぎす》』（一八九八～九九年）の例である。今から、一〇〇年以上も前のものである。この例から読みとれば、「ガッツリ」とは、動きが急激ではげしいさまを表わすように思える。いまで言えば「ガックリ」に近いだろうか。

ただ、この引用を読んで気づかれたひともいるかもしれない。話し言葉ではあろうが、「武どん」とか、「弱いました」「ばかいで」「困います」のように、ちょっと言葉に特徴がある。共通語で「り」にあたるところが、「い」なのである。

ずばり、これは、鹿児島あたりの言葉ではないのか、以前、大河ドラマの「篤姫」で、宮崎あおいの篤姫が子どものころ、こんな言い方をして、松坂慶子演ずる侍女から駄目だしされてなかったか、と見抜いたひとは、鋭い。引用したところは、『不如帰』の主人公である川島武男に対して、母親がすこし弱音をはくシーン。実は、武男の母親は、薩摩《さつま》の出なのである。

さらに、『日本方言大辞典』（小学館）によれば、「ガッツリ」は、「本当に」とか、「まるで」「ぴったり」といった意味で、鹿児島・宮崎のあたりで用いられているという記述もある。

すると、「リウマチでがっつり弱った」の「ガッツリ」は、実は、「本当に」とか「ひどく」の意味なのだと思われる。

結局、蘆花は、薩摩出身の登場人物に、薩摩弁を話させていたことになる。蘆花は熊本の出身。「ガッツリ」は、近くの土地の言葉づかいとして知っていた可能性もある。

というわけで、「ガッツリ」は、これまでであれば、鹿児島あたりの方言であるから、全国共通語のレベルでは、用いられない言い方なのであった。

現在、すこしボリュームのあるものを、太るかもとか、ダイエットしなきゃとか、あえて気にせず、スタミナをつけるためにしっかりと食べる、というような意味で用いている「ガッツリ」は、実は、北海道の方言だった、という説もあるようだ。

出どころはともかくとして、「ガッツリ」の持つニュアンスは、ごくぜいたくで美味なものを、ほんのわずかだけ品よくいただく、などというものとは真逆のところにある。

しかも、「ガッツリ」は、どこか、「ガツガツ」を連想させるではないか。決して、品がいいとは思えない。

けれども、「ガッツリ」は、これからにそなえて、しっかり食べるんだ、という、強い意志と生命力を感じさせる。まさに、「食べるオノマトペ、マイナス逆転仮説」をうらづけるものだと思うのだが、いかがであろうか。

もう一つ、例をあげよう。これは友人K氏からの情報。女子栄養大学出版部、という、聞いただけで活力がわきそうなところから、『無水なべクッキング』という本が出ている。一九八三年の刊行というから、もうかれこれ四半世紀も前のことではあるが、ここに、アップサイドケーキの作り方が出ている。

ケーキ？　ケーキは、オーブンで焼くものではないのか？　しかし、そこを、無水なべを使って作るところがミソだったらしい。

それはともかく、その工程に、

大きめのボールに卵と砂糖を入れる。ぬるま湯にボールの底を当て（湯せん）、泡立て器で10分以上泡立てる。しだいに**もったり**とし、泡立て器を持ち上げたときに落ちた生地がリボン状になってきたら湯せんからはずし、冷めるまで泡立て続ける。

というところがある。この「もったり」が注目すべきところである。

通常「もったり」は、あまりいいイメージではない。

もったりとしたようすで、男がこっちに近づいてきた。

返事が、**もったり**した声でとどいた。

特に、人間の動作についていう「もったり」は、必要以上に動きがおそくて、見たり聞いたりしているほうが、いらいらしてくる。しかも、「もったり」は、単におそいだけではなく、まとわりついて離れないようなねばりを感じる。「もっさり」だと、乾いた感じなのだが、「もったり」になると、水気があるのだ。

「もったり」について、『日本語オノマトペ辞典』では、「ねばりつくような重みやよどみの感じられるさま」と、説明してある。これも、東海林さだお氏に読まれたら、「この編者は、もったりに好感を持っていないことがよくわかる。むしろ、不快感さえ持っている」と言われそうである。

ただ、ものによっては、「もったり」は、必ずしも不快な感じを表わさないかもしれない。

カバが**もったり**と池の中に吸い込まれていった。

これなど、どうであろうか。水中はともかく、地表でカバが「もったり」しているのは、その天性である。ひとから見たら、もっときびきび動けよ、などと、つっこみたくもなるが、カバはそんなことを言われても、どうしようもない。だから、この例は、単純な描写になるのである。

さて、それで、卵と砂糖を湯せんしながらあわだてて、「もったり」させる、というところである。「泡立て器を持ち上げたときに、落ちた生地がリボン状になる」ほどの状態が「もったり」らしい。たしかに、ひらべったいかたちで生地が落ちて、リボンを短く折りたたんだようになるぐらいの柔らかさとねばりは、見たことがあるような気がする。柔らかすぎても、うどんみたいにコシがありすぎてもだめ。

ちょうどいい柔らかさとねばり。その状態が、「もったり」なのである。

通常では、イラッとくるような鈍さを表わす「もったり」なのだが、柔らかさとねばりの程度を、スケールの針のように示すときには、ぴったりの言い方なのであった。

まさに、これも、「食べるオノマトペ、マイナス逆転仮説」を例証してくれそうである。

さらに食べるオノマトペ

もう少し、食べるオノマトペについて、見てみよう。

ここに、早川文代氏の『食語のひととき』(毎日新聞社、二〇〇四年)という本がある。これは、食に関する表現についてのエッセーをまとめたものである。「辛口」「薄味」のような味そのものを表わす言い方から、「ごちそう」「塩梅《あんばい》」のような語源をあつかったものまで、ぜんぶで一二〇の項目がならんでいる。

時に古い文献の例をひき、時に種々のアンケート結果をまじえながら、あまりかたくなりすぎない、ほどよい味わいのエッセーである。喩《たと》えれば、材料が吟味され、調理も工夫されて、栄養のバランスのとれた定食の味、といえようか。

早川文代さんというかたは、調理科学を専門とされていて、筆もたつ。実は、私の『日本語オノマトペ辞典』にも、「オノマトペのもと」というコラムを執筆する、というかたちでご協力いただいた。

この一二〇の項目の中には、オノマトペが、かなりある。「シャキシャキ」「まったり」「バリバリ」「こんがり」……数えてみると、四七ぐらいある。四割弱にものぼる。食の感覚を表わす言葉として、オノマトペは、かなり大きな勢力を持っていることがわかる。

それであらためて、『食語のひととき』のカバーの著者紹介を見直すと、早川さんの専門は、「調理科学、官能評価学」とあるではないか。オノマトペは、身体的感覚。まさに、「官能」の世界なのである。

それは、ともかく、この本のデータをもとにして、「食べるオノマトペ、マイナス逆転仮説」を検証してみたい。

四七のオノマトペのうち、本来は、あまりいいニュアンスを持っていない、または、すこし品がないニュアンスがあると思われるものは、

もそもそ　ひりひり　ネバネバ　ぬらぬら　ざらざら　ギトギト　ぐびぐび
ガリガリ　パサパサ　ぷりぷり　かすかす　バリバリ　こってり　ずるずる
ポリポリ　ねっとり

と一六ほど数えられる。三割強である。ならば、プラスのニュアンスを持つほうは、ど

ういうものか、と興味を持たれるかたのために、そのいくつかを挙げると、次のようになる。

シャキシャキ　まったり　こんがり　しこしこ　とろり　さらさら　ふわふわ

カリカリ　サクサク　つるり　しゃりしゃり　こりこり　ふっくら　しっとり

なるほど、たしかに、と納得していただけたのではないだろうか。このようなものが、七割ぐらいを占めるというのは、むしろ当然であろう。食の快感を表わさないようなオノマトペだけをとりあげても、意味がないからである。

ところが、前に挙げた一六のうち、不味《まず》いとか、不快な感覚ということだけを述べているのは、

もそもそ　ギトギト　パサパサ　かすかす

の四表現にとどまるのである。私の、「食べるオノマトペ、マイナス逆転仮説」は、あまりにゆきすぎたもの、下品すぎるものは、逆転しないという但し書きがあるから、これらは、それにあたるわけであるが、逆に言えば、四分の三は、逆転するのである。たとえ

ば、つぎのようなくだりである。

・この頃のカレーは、口中やのどの粘膜を**ひりひり**とほどよく刺激していた。(七五頁)

・ただ、興味深いのは、カステラの下部のザラメ、クリームブリュレの表面の砂糖膜などに限っては、**ざらざら**を楽しめるということだ。(一一三頁)

・母娘は**バリバリ**とタクアンを食べるが、このときふと母親は、「お前の沢庵はいい音がするね」と言う。(一六〇頁。向田邦子『あ・うん』に言及したもの)

これ以上の「つまみ食い」はやめておくが、食べるオノマトペは、少しぐらい荒めのほうが、食の楽しみを生き生きと伝える、ということがわかるのではないだろうか。まさに、身体感覚である。

さて、思えば、東海林さだお氏の「カキフライをぐっちゃり」に端を発し、「ぐっちゃり」が、なぜ、快感を表わしているのかを考察して、ここまできてしまった。ここに至れば、私もまた、「カキフライをぐっちゃり」は、別に悪くないと思っていることが、東海林氏にもわかってもらえるのではないかと思う。ただし、「ぐっちゃり」が、一般的にはどう思われているかは、また、別に考えなければならないが。

面白いものである。ある言葉は、一般的な特性がありつつも、ある特別なところに行くと、また別のすがたを見せる。言葉の研究をする立場としては、言葉とは、乱暴にはすくえない湧き水のような気がする。どろの近いところを手荒にすくい取ると、水は濁ってしまうのである。

寝ても覚めてもオノマトペ

思えば、一日の生活はオノマトペに取り囲まれている、と言っても過言ではない。朝、ピピピッ、ピピピッ、ピピピピピー、と目覚ましが鳴る。うあっ、遅刻だ、ガバッと起きる。ドタドタと洗面所に行き、クシュクシュと歯をみがく。あたふたと着替えて、場合によっては、トーストをぱくっと口にくわえる。牛乳も飲んでおくか。ゴクゴク。バタンとドアを閉め、カチッとカギをかける。スタスタと足早に、バス停か駅に向かう。または、自転車、バイク、車にのるか。キーコキーコ。ドルル。ブウーン。

ひとり暮しの勤め人なら、そんな感じか。

むかしなら、目覚ましの音は、ジリジリジリだなあ、なども思う。考えてみると、いまは、ずいぶん電子音に取り囲まれている。レンジの調理が終わっても、お風呂がわいても、冷蔵庫があけっぱなしでも、インターホンが来客を告げても、電話をかけるプッシュホンのボタンを押しても、すべて、ピッとかポッなのである。

家族を送り出したあとの、一家の主婦も忙しい。**ほっ**と一息つくひまもあらばこそ、食器を**カチャカチャ**洗い、洗濯機を**ゴー**と回し、風呂場を**キュッキキュッ**とみがく。掃除機も、**ブーン**とかける。ネコが、**ニャー**とすり寄ってくる。

一方、学校や仕事へとむかったほうはと見れば、電車に乗れば、**ゴトゴト**ゆられながら、学校や職場に着く。私が高校生のころは、下駄《げた》をはいて**カラコロ**鳴らしながら登校したのだが、いまや、そんなことをしたら、騒音だと言われる。

学校に着けば、**キンコンカンコン**というチャイムで、授業が始まる。おっと、これも、以前は**ジリジリジリ**というベルだった。**パタパタ**と履き物の音をさせながら先生がやってきて、**ガラッ**と戸を開ける。**ガタタン**と生徒は立ち上がり、礼をかわす。先生の板書の音が**カツコツ**と鳴り、生徒は**サラサラ**とノートをとる。

職場に着いたひとたちは、**ブーン**と開く自動ドアから、**キー**ときしむ手押しのドア、はたまた、**ガラガラ**と音の立つ引き戸まで、さまざまな入り口をとおって、自分の席につく。運転手が仕事なら、**バタム**とドアをしめて、シートにすわる。現場に出ているひとは、**ウイーン**と機械のスイッチを入れる。パソコンに向かうひとは、**カチャカチャ**とキーボードをたたきはじめる。漁船に乗り込んだひとは、**ドドドド**と船のエンジンをかける。病院では……田畑では……とても、ここでは挙げつくせないが、それぞれの仕事に、それぞれのオノマトペがある。

外からは、さまざまな音が聞こえてくる。ピーポピーポ、救急車が患者のところへ向かっているらしい。ウウウー、パトカーのサイレン。違反車両を追っているのか。ブブー、キキー、バタン、ガラガラ。荷物をおろすような音。宅配便の車がきたか。ピンポン、ドアのチャイムが鳴る。やはり、そうだ。ワンワン、ワンワン、となりの犬もほえる。

昼になる。食事時。弁当をぱくぱく食べるひと。麺類《めんるい》を、ずずーとすするひと。はふはふ。ちょっと熱いらしい。げっぷ。ちょっときたない。

午後、食事直後のまったりとした時が流れる。危険な時間帯である。コクリコクリ、思わず気を失いそうになって、ビクンと起き直る。見られやしなかったか、キョロキョロする。そんなそぶりも見せず、バリバリはたらいているひともいる。申し訳ない。ちょっと、しゅんとする。

仕事が終わる。よしっ、今日はブイブイ言わせるぞ、とかなんとかいう声を聞きながら、ブイブイはさすがに古いんじゃないか、などと思いつつ、今日は熱燗《あつかん》をきゅっといくか、と心を決める。まわりを見れば、そそくさと帰るひと、ゆったり構えているひと、そわそわ落ち着かないひと、いらいら時計を見ているひと、ぐっと伸びをしているひと、ポキポキと首を左右にして鳴らすひと。

飲み屋に行けば、わいわい、がやがや、ざわざわ。カンパーイ、カチンとジョッキをあわせるひと。ぐびぐびビールをあおるひと。ちびちび、おちょこを口にはこぶひと。

おれはねえ、センパイ……、**くどくど**からむひと。**いそいそ**酒をすすめるひと。**にこにこ**満面笑みのひと。**てかてか**顔の赤いひと。**げんなり**顔の青いひと。これは、ちょっと危険。なぜか、**うひゃうひゃ**、はしゃぐひと。**ふらふら**歩いていたかと思うと、いきなり、**ぺたん**と座りこむひと。このひとも、危険。やたら、両手のひらで**ごしごし**顔をぬぐうひと。アライグマか。トイレに立つ。戸の向こうから、**おぇっぷ**、**うえー**、といううめき声が聞こえる。気分が悪いらしい。

帰り道、まだ酔いがのこって、**ふらふら**歩く。**へろへろ**しながらも、無事に帰宅。**ほうっ**と、思わず、ため息がもれる。**ふっ**と顔をあげると、**むすっ**とご機嫌ななめな顔。**ぎくっ**としながら、今日は、ええと、送別会で……、などと言い訳するが、へえーっ、と信じない顔。そりゃそうだわな。**がみがみ**言われないうちに、風呂場に逃げる。酒を飲んできて、風呂に入るのは体に悪いのだがとの思いが、**ちら**と頭をかすめる。湯船に、**じゃぶじゃぶ**つかる。金を湯水のように使う、などというのは、風呂場のことが元なのだろうか、なんていう思いつきが**ふい**と浮かぶ。あとで、**さくっ**とネットで調べるか。

風呂からあがると、缶ビールを**プシュー**とあけたくなるが、**ぐっ**とこらえる。テレビのドラマで、少し**うるうる**し、ニュースで、**むかむか**する。ふとんへ、**ごそごそ**もぐりこむ。**ふあー**と伸びをして、眠り込む。このあとは、自分では見えない。寝ぼけながら、**ぼりぼり**体をかく。**むにゃむにゃ**、意味のないことを言う。**グオー**、といびきをかく。いびきもかき疲れて、あとは、すやすや眠る。また、目覚まし時計が朝を告げるまで……。

毎日の暮しは、オノマトペに深くいろどられていることがわかったが、方言のオノマトペも、暮しに密着したものとして、見過ごせない。

方言のオノマトペ

全国各地の日常の暮しは、その地方ごとのコミュニケーションでなりたっている。現在、方言は、共通語化の波にあらわれて、以前ほどの大きな違いは見せなくなっているかもしれない。が、それでも、独自の方言は、根強く、その土地土地のコミュニケーション・ツールとして、大きな役割をはたしている。

学生にアンケートをしてみると、方言というものに、あまり悪い印象を持っていない、という回答が多い。以前なら、なにか、恥ずかしいものという感覚があったと思うが、若い世代は、そうでないのかもしれない。それどころか、「こんど、いつ会えるん？」と自分のところの方言を使ったら、別の地方出身の彼氏から、その言い方がかわいいといわれた、などと、ぬけぬけとのろけ話を書いてくる学生もいる。

方言のオノマトペには、共通語とは違う言い方のものと、共通語と同じ言い方であっても、意味やニュアンスが違っているものとの、二通りがある。

八月のお盆のときに、郷里である岩手の一関に帰省して、高校三年時のクラスでの同級会に参加するのが、いつしか楽しみになっている。これは、卒業以来、一度も欠かすことなく、毎年おこなわれている。もう三〇年以上続いている。これは、かなり珍しいのではないかと思う。少なくとも、同じ学年に、そんなクラスは他にない。なんと、長崎から車を三昼夜も運転して、毎年ほぼ欠かさずに参加するのもいる。何年ぶりかでふらっとやってきて、大歓声でむかえられるのもいる。毎年やっているから、ことし行けないと、あとはもう、一〇年後にしか会えない、といったおそれがない。

ここで、『日本語オノマトペ辞典』が話題になったことがある。この辞典は、方言のオノマトペも載せているのである。

ぱらぱらめくっていた同級生が、「あっぺとっぺ」に目をとめる。「あっぺとっぺ」、なんだと思うであろうか。共通語にはない言い方である。この辞典には、「話のつじつまが合わないさま。あべこべ」とあり、岩手県・宮城県で使う、と出ている。用例として、「あれのかだること（あの人の話すことは）あっぺとっぺだ」〈岩手県〉などという用例までである。

けれどもね、と同級生は言う（「だけんとさあ……」というのが、原文だが）。服を、表裏が逆に着ることも、「あっぺとっぺ」というのではないか、と言うのである。言われてみると、たしかにそうだ。そうすると、「あっぺとっぺ」は、もっと抽象的な根底があり、本来あるべき姿からはずれて、ひっくり返ったさま、といったレベルでとらえなければならなかったのかもしれない。こんな感じ。

あっぺとっぺ〈本来の姿からはずれたさま〉

→［服］＝表裏が逆

→［話］＝つじつまが合わない

つまり、基本的な抽象レベルの意味が、具体的な対象によって、それぞれの個別的な意味を示している、ということではないか、と考えられるわけである。もし、今後、方言のオノマトペが組織的に追究されるような機会があったときには、どのような表現のひろがりがあって、そこには、どのような根底的意味が考えられるのか、といった方向での検討をする必要があるのではないかと思う。

さて、『日本語オノマトペ辞典』には載っていないが、私の子供のころに聞いた一関方言のオノマトペを、少し書きしるしておきたい。私の祖父母や、父母、また、周辺のひとびとが使っていたものである。

そういう言い方もあるのかと思っていただければ幸いである。自分が生まれ育った方言であるから、細かなニュアンスが説明しやすいということで、そのニュアンスを、書き込んでみる。これを読んだひとも、同じようなことをやってみてほしい。

「いからほから」、これは、細いとげのようなもので、ちくちくするさまを言うものである。麦や稲の穂にさわって、ちくちくする感じ。また、目にちいさなゴミがはいって、ちくちくする感じである。一点だけの刺激ではなく、あちこちから刺激するものについて言う。目のゴミの場合も、そのゴミが、あちこち動いては、ちくちく刺激するのである。共通語の「ちくちく」の場合は、一点だけのこともあるから、完全には重ならない。同じく共通語の「いがいが」にも近いが、「いがいが」は、同時に複数の場所がとげとげするのであるが、「いからほから」は、ここかと思えば、また別のところに刺激点が移る感じである。

ちなみに、友人Tによれば、関西では、おとなしくしている相手や、嫌がっている相手に、しつこくちょっかいを出す場合にも、「いがいが」を使うらしい。せっかく寝ている子供や猫を、やたら撫《な》でたり触ったり抱き上げたりすると、「いがいがしぃな（するな）」と叱られる、というのだ。これも、あちこちだったり、何度もだったりするところが、ポイントのように思う。

「きしゃきしゃ」、これは、身の程をわきまえずに、むやみにでしゃばったりして、こうるさいさまを言うものである。「きしゃきしゃしてるんでねえ（しているんじゃないぞ）」のように、非難して、制止する言い方が多いように思う。共通語の「へらへら」にも似ているが、「へらへら」は、やっている本人も、まじめではないことを、どこか自覚しているように思う。「きしゃきしゃ」は、本人は、すくなくともよかれと思っている。また、非難されるほど目立っているという自覚が、必ずしもない。共通語の「ちょろちょろ」とも近いが、「ちょろちょろ」は、いくぶん消極的である。動きも、小さい。「きしゃきしゃ」は、けっこう積極的な態度である。積極的な態度で、あれこれすることが、目にあまると感じられたとき、「きしゃきしゃ」という非難の対象となるのである。

「はかはか」、これは、走り続けたり、興奮したりして、呼吸がはげしくなるさまである。共通語の「はあはあ」よりも、ちょっと荒い。が、「ぜえぜえ」よりは、ひどくない。少し追い詰められたようなニュアンスがある。

こうやって書きながら考えてみると、あらためて、方言のオノマトペは、共通語では簡単に置きかえられないような独自のニュアンスを持っていることが確認できる。

いや、方言そのものが、全体として、共通語で直接置きかえられないようなニュアンスを持っている言葉なので、オノマトペも、その一翼をになっているのだ、といったほうが正確なのであろう。

日本全国オノマトめぐり

さて、ここで、『日本語オノマトペ辞典』をもとにして、全国のちょっと面白いオノマトペを紹介してみよう。名づけて、「日本全国オノマトめぐり」。え、誤植ではないかって？　いや、「オノマトめぐり」でいいのである。「オノマトペ」の「ペ」と「めぐり」の「め」を微妙に重ねているのである。このほうが、語呂《ごろ》がいいではないか。

えらんだ基準は、まさに、共通語とは違う言い方のものと、共通語と同じ言い方であっても、意味やニュアンスが違っているもの、である。それと、なるべく、聞いただけでは意味が思いつかない、というのも、基準にした。

なお、近くやそばの土地の人で、自分のところでも言う、という場合があるかもしれないが、それは、お許しいただきたい。また、例文と、その意味は、かならずしも『日本語オノマトペ辞典』のとおりではない。例文は、わかりやすいようにと、オノマトペの部分以外は、あえて方言の言い方をさせていない。だから、例文の感じに、微妙に違和感を持つひともいると思う。あまりばりばりの方言の言い回しだとかえってわからなくなるのではないかと思ったのと、あまりに専門的になるのをおそれたためである。この点も、あらかじめお許しいただきたい。

それでは、オノマトめぐりの、始まり始まり。

○北海道

ずらずら「バスでずらずら通っただけだ」通り一遍に。うわべだけ。

○青森

○岩手
ゆきゆき「からだがゆきゆき揺れる」揺れ動くさま。
○秋田
がかもか「戸口でがかもかしている」騒がしくしているさま。
○宮城
こんみり「身の上話にこんみりする」深い思いを抱くさま。
○山形
ざしざし「ほこりで床がざしざしする」ざらついたさま。
○福島
ぺそっ「何を言われてもぺそっとしている」まったく平気なさま、無頓着なさま。
○栃木
のーのー「竹藪に筍がのーのー出た」たくさんあるさま。
○群馬
ほげほげ「ご飯をほげほげ食べる」豊かに、思う存分。
○茨城
ふりふり「ふりふりいやになってしまった」つくづく懲りはてたさま。
あっぽとっぽ「客が急にきてあっぽとっぽした」あわてふためくさま。

○埼玉
ちっきらほっきら「ちっきらほっきら金を出す」少しずつ小出しにするさま。

○千葉
ちばちば「芝生に座ったらちばちばした」ちくちくと刺激されるさま。

○東京
ちょっぴか「いつもちょっぴかとしている」落ち着きのないさま。

○神奈川
わらわら「わらわら走ってきた」大急ぎで、あわてるさま。

○山梨
あばちゃば「急な雨であばちゃばする」うろたえ、あわてるさま。

○長野
もくもく「小柄な人がもくもく物を食う」大口をあけて、勢いのよいさま。

○新潟
ざかざか「ざかざかしたひとがらで好かれる」率直で明るいさま。

○富山
つんまり「つんまりとしていろ」質素で、平穏なさま。

○石川

○福井
ちゃがはが「ちゃがはがしたことを言うな」つじつまの合わないさま。

○岐阜
へがへが「針金がへがへがにまがる」頼りなく弱々しいさま。

○静岡
ちんちこちん「酒をちんちこちんにわかす」とても熱いさま。

○愛知
しゃごしゃご「しゃごしゃごしたお年寄り」非常に元気なさま。

○三重
ちんちん「その人なら、今ちんちんなっていますよ」激怒するさま。

○滋賀
くれんくれん「くれんくれん態度がかわる」めまぐるしく変化するさま。

○京都
がいがい「部屋の中をがいがいにする」乱雑に散らかすさま。

○奈良
きやきや「落ちはしないかときやきやした」心配ではらはらするさま。

とっちり「一晩、とっちり寝る」じゅうぶんなさま。

○和歌山
ちりこり「ちりこりと働きつづける」まめで勤勉なさま。
○大阪
ぼいやり「この茶碗、ぼいやりしているな」角がなく、口当たりが良いさま。
○兵庫
つんぼり「向こうからつんぼりした顔付きの男が来る」中高で端整なさま。
○鳥取
ぐやすや「赤ん坊がぐやすやしている」むずかったり、体調が悪いさま。
○島根
ぼやぼや「その人なら、ぼやぼやした人だよ」どことなくゆとりのあるさま。
○岡山
ぼとぼと「その品は、ぼとぼと運んでもらいたい」ゆっくり、穏やかなさま。
○広島
つるっ「おっと、気がつかない間につるっとした」浅く短く眠るさま。
○山口
へねごね「人のすることにへねごねいう」あれこれ文句をつけるさま。
○徳島

そげそげ「客にそげそげした応対をする」冷やかで排斥的なさま。

○香川
はちはち「もうはちはちなって大変だった」頭に血がのぼって興奮するさま。

○愛媛
とちぱち「そんなにとちぱちするな」忙しくこまかに動き回るさま。

○高知
びらり「あいつにはびらりやられた」徹底的なさま。

○福岡
ごそごそ「電車に遅れるからごそごそして」急ぐさま。

○佐賀
ちかーちか「ちかーちか取らずにしっかり取れ」少しずつするさま。

○長崎
にやにや「今日は、にやにやしているね」蒸し暑いさま。

○大分
りゃんりゃん「糸がりゃんりゃん張っている」強くゆるみのないさま。

○熊本
ごいごい「稲がごいごい伸びる」勢いがさかんなさま。

○宮崎
きょんきょん「そうきょんきょんしてはだめだ」落ち着きのないさま。

○鹿児島
くぞくぞ「くぞくぞした顔であらわれる」やつれたさま。

○沖縄
そーそー「涙がそーそーこぼれる」水や涙のさらさら流れるさま。

方言オノマトペの広がり

感想はいかがであったろうか。

方言の専門家からは、きっと、「思い切ったことをやりましたねえ」と言われることであろう。どうせ言われるだろうから、先回りして、ここに書いておく。

知っているもの、知らないもの、他の都道府県に載っているが、自分でも言うと思えるもの、さまざまであったのではないか。沖縄の「そーそー」など、森山良子作詞の「涙《なだ》そうそう」で有名だから、全国区かもしれない。

共通語と言い方は同じだけれども、意味ががらっと違っているので、要注意というものにも気づいたことだろう。長崎の「にやにや」、岡山の「ぼとぼと」、愛知の「ちんちん」、長野の「もくもく」などである。

また、第1章で述べた、オノマトペのもとのできかたが、共通語よりも自由であるということもわかる。鹿児島の「くぞくぞ」など、共通語には、「ぞくぞく」ならあるが、「くぞくぞ」はない。

また、「オノマトめぐり」にも見られるように、同じもとを二回繰り返すというパターンが多いのであるが、佐賀方言だと、「雨がザーザーザーで降る」のように、三回繰り返すというパターンが普通らしい。これもまた、方言オノマトペの持つ、共通語とは異なる自由さの例と言えよう。

なお、『日本語オノマトペ辞典』に照らして、なるべく、単一の県だけの例が載っているものに限定したつもりだが、むしろ、広域で使われるもののほうが多い。

たとえば、〈穏やかで落ち着いているさま〉を意味する「おっちり」は、群馬・徳島・広島の例が挙がっているが、分布としては、関東・近畿・中国・四国地方なので、日本の胴体部分を広くおおっている。

それから、近接した地域で使われているものよりも、かなり遠い地域なのに、同じ言い方、同じ意味で使われているものがある。むしろ、これのほうが注目すべきものかもしれない。

たとえば、〈ぼおっとして、だらしなく、締まりのないさま〉の「てれっ」など、島根県、大分県、長崎県の例などが載っている。けれども、これは、海援隊の「母に捧げるバラード」の、お母さんのせりふにも出てくると気づいたひともいよう。作詞した武田鉄矢の出身地は福岡である。だから、「てれっ」は、もっと広い地域にわたっている。同辞典でも、「島根県・九州地方」という注記がある。

え、島根と九州なら近いだろうって？　まあ、そうですかね。では、「ちんちん」はどうだろうか。〈少しずつ変わるさま〉を意味して、「風向きが変わったから、ちんちん海も凪《なぎ》になるだろう」〈鹿児島県〉のように使う。これは、秋田県・山形県・九州地方という表示がある。東北と九州。両極である。もしかしたら、これは、いわゆる「周圏分布」、つまり、もともとは中央（近畿地方）にあった言い方が、次第に地方へと伝わった結果のものなのかもしれない。あるいは、オノマトペというものは、遠くの地域でも、偶然に同じ言い方を生み出すことがあるのか。

遠いところにやってきたと思っていたら、同じ言い方だった。そうなんだ、ここでも、そう言うんだ……これは、いい。面白いし、なんか得した気分。その土地に急に親しみがわいて、暮しのコミュニケーションも円滑にいきそうだ。

また、同じ言い方なのに、地域によって意味が違うというものも興味深い。「オノマトめぐり」でも、こっちにも同じ言い方はあるけれども、意味が違うと思ったひともいるだろう。たとえば、「むたむた」は、北海道・青森あたりだと、〈勢いのよいさま〉を意味するのだが、富山・岐阜あたりだと〈動作がゆるやかなさま〉を意味し、石川・福井あたりだと〈乱雑なさま〉を意味する。これはどうだろう、〈勢いのよいさま〉と〈乱雑なさま〉ぐらいだと、あるいは、〈ひどく勢いがあって、激しいさま〉といったような抽象化ができそうにも思うが、〈動作がゆるやかなさま〉だと、全くの逆で、つながりを持たせることができそうもない。

これは、大変である。住む場所が変わってしまうと、暮しのコミュニケーションの上で、大変な支障が生じてしまうのだ。

それから、方言オノマトペの使い方が、文学を解釈するときに、新しい見方を提供するということもある。同じく、『日本語オノマトペ辞典』を編集しているときに気づいた例を挙げよう。

宮沢賢治といえば、独自のオノマトペを多数あみだし、縦横無尽に駆使している作家として有名であろう。その作品のなかに『やまなし』(一九二三年)というものがあって、これも、教科書などに採用されることもあって有名である。

間もなく水はサラサラ鳴り天井の波はいよいよ青い焔をあげ、山梨は横になった木の枝にひっかゝってとまりその上には月光の虹がもかもか集りました。

これは、蟹《かに》の兄弟が川の底で話をしているところへ、とつぜん落ちてきた、やまなしの実が、川を少し流れたあと、木の枝にとまってひっかかったところの描写である。やまなし、というものが、実際にはどういう果実なのかは、研究者のあいだでは、諸説あるらしい。が、蟹の兄弟の父親が、あと二日もすれば川底に沈んできて、それから自然に酒になるなどと言っていて、とにかく、もう黄金色に熟した「やまなし」なのである。

水に濡れた黄金色のやまなしの実が、月の光をあびる。やまなしの表面に虹《にじ》がたつ。そのさまが、「もかもか」なのである。これだけ読むと、「もかもか」は、「もやもや」とか「もわもわ」とも通じる、なにか落ち着いた、やわらかく、おぼろげなさまを表わしているように思う。

そして、その把握は、その限りではよいと思う。が、「もかもか」は、岩手の方言にもあって、「もかもかどおがる（成長する）」というような言い方があるということを知ると、この「もかもか」は、少しちがった見え方がしてくる。

もしかしたら、賢治は、方言としての「もかもか」を使っているのではないか。「もかもかどおがる（成長する）」という場合の「もかもか」は、〈育ちゆくのが目だつさま〉を言う。けむりが、少しずつふくらんでゆくように、目にみえて大きくなっていくさまが、「もかもか」なのであろう。「もくもく」とも通じる、動きのあるさまである。生命力を感じさせる。

もしそうだとすると、やまなしの上に「もかもか」月光の虹が集まった、というのは、なにか新しい生命力がやどる、といったような、象徴的な意味合いを感じるのである。

以上、方言のオノマトペの持つ、自在さ、そして、豊かな広がりの一端がかいまみえたように思う。なんといっても、方言のオノマトペは、共通語のオノマトペのような制約を超えた自由さが特徴である。とはいっても、もちろん、なんでもありというわけでもないだろう。方言は、ある限られた地域で流通する言葉なのであるから、その限りでのコミュニケーションが成りたてばいいという意味での、自由さがあるということなのだと思われる。

今日も、全国各地の暮しのなかで、その土地土地のオノマトペが生まれ、円滑なコミュニケーションのために、いい仕事をしているに違いない。

第4章　オノマトペは歴史とともに

オノマトペは、古くは、どのぐらいまでさかのぼれるのでしょうか。それはどうしてわかるのでしょうか。平安時代から江戸時代のあいだ、面白いオノマトペはあるでしょうか。秘蔵の例のなかから、とっておきをお目にかけましょう。

最も古いオノマトペ

日本語で、最も古いオノマトペは、なんだと思われるであろうか。いや、どだい、そんなことがわかるのだろうか。

うむ、微妙なのだが、一応わかると、言っておこう。変な気の持たせかたをして、申し訳ないのだが。

『古事記』という書物は、誰でもご存じのことだろう。七一二年の成立というから、いまから、一三〇〇年も昔の本である。この本は、太安万侶《おおのやすまろ》が撰録したものであるが、そのもととなったものは、稗田阿礼《ひえだのあれ》というひとに習い覚えさせた、歴代天皇の記録および古い伝承である(「帝紀」「旧辞」などと呼ばれている)、ということになっている。

もう少し、詳しくいうと、いろいろな豪族の家に伝わった古い記録には誤りが多く、このままでは後世に誤りが伝えられるおそれがあるので、朝廷のがわで、それをただすための記録と伝承をつくり、それを二八歳の稗田阿礼に習い覚えさせ、いつか最終的なものを作ろうと準備していた。が、なかなかそれが実現できずに、時間がたってしまった。それを、いよいよ満を持して作り上げたのが、『古事記』なのだ、ということになる。

前述の「帝紀」「旧辞」は、かなり読みづらいものだったのであろう。だから、それを音声化する人間が必要だった。そこで選ばれたのが稗田阿礼であった。聡明《そうめい》で、漢字も読め、聞いたことはすぐ記憶できる能力があった、という。うらやましい……。

稗田阿礼の習い覚えていた物語を、整理して、文字化し、あとは、わざわざ音声化するための人間がいなくとも読めるようにつくったのが、『古事記』だということになる。その証拠に、『古事記』を音声化するひと、二代目稗田阿礼は、選ばれていない。

さて、『古事記』の物語は、クニが生まれた物語から始まる。もともと、混沌《こんとん》としていたところから、だんだん、クニが定まっていく。そのあたりの描写を要約すると、次のようになる。

> 天地が生まれた、そのときに、高天原《たかまがはら》には三柱の神が生まれた。まだクニができたてで、まるで水に浮かんだアブラのように、まるでクラゲのようにただよっていたときに、葦の芽が萌えいでるように、また、二柱の神が生まれた。その後、次々に七代にわたって神が生まれていったが、その七代目にあたる神が、イザナキ・イザナミの二

神である。

クニが混沌としているさまを、水に浮かんだアブラや、水中をただようクラゲにたとえているところは、なんとも巧《うま》いなと思ってしまう。ごくすなおで、ちょっとおどけた味もある。古代のひとたちを、未開人や原始人みたいに考えていたら、とんでもない。いや、「未開人」という言い方さえも、自分たちが「文明人」だと勘違いしているひとびとの傲《おご》りなのである。

さて、そのイザナキとイザナミは、天の神々が命ずることばにしたがって、混沌としていたクニをととのえようとする。アメノヌホコ（天沼矛）を与えられたイザナキとイザナミは、それを持って、アメノウキハシ（天浮橋）に立ち、混沌としたクニをかき回しはじめる。そこを、原文で見てみよう。

> 於是、天神諸命以、詔伊耶那岐命・伊耶那美命二柱神、修理固成是多陀用弊流之国、賜天沼矛而、言依賜也。故、二柱神、立〈訓立云／多々志。〉天浮橋而、指下其沼矛以画者、塩許々袁々呂々邇〈此七字／以音。〉画鳴〈訓鳴云／那志也。〉而、引上時、自其矛末垂落塩之、累積成島。是、淤能碁呂島。〈自淤以下／四字以音。〉

な、なんだ。漢字ばっかりだ。驚かれただろうか。いや、あたりまえだ、と思われただろうか。『古事記』の時代には、ひらがなもカタカナも、まだできていない。すべて、漢字で書くしかなかったのである。

いや、それだけではない。「原文」と言いながら、見やすさを考慮して、句読点や記号を入れてしまったが、それさえもなかったのである。

そう、太安万侶は、稗田阿礼の語る伝承をもとに、ただ漢字のみを使って、書き表わしていったのである。

この原文を、そのままで読み解くのは、さすがに容易でないので、最新の解読文を用いて、書き改める。山口佳紀氏と神野志隆光氏によるものである（小学館、新編日本古典文学全集。まえに引いた原文も同じ）。

是《ここ》に、天つ神諸《もろもろ》の命《みこともち》以て、伊耶那岐命《いざなきのみこと》・伊耶那美命《いざなみのみこと》の二柱の神に詔《のりたま》はく、「是のただよへる国を修理《つくろ》ひ固め成せ」とのりたまひ、天《あめ》の沼《ぬ》矛《ほこ》を賜ひて、言依《ことよ》し賜ひき。故《かれ》、二柱の神、天《あめ》の浮橋に立たして、其《そ》の沼矛を指し下《おろ》して画《か》きしかば、塩**こをろこをろ**に画き鳴して、引き上げし時に、其の矛の末より垂《しただ》り落ちし塩は、累《かさな》り積りて島と成りき。是《これ》、淤能碁呂《おのごろ》島ぞ。

解読文にしても、わかりづらいかもしれない。が、要するに、天の神々の言いつけで、イザナキ・イザナミの二神が、クニをアメノヌホコでかき回したのである。

そのとき、塩を「こをろこをろ」とかき鳴らしたあと、アメノヌホコを引き上げると、そこから塩がしたたり落ちてつみかさなり、島となった。これが、オノゴロシマである。このオノゴロシマに、イザナキ・イザナミ二神が降りたって、いよいよ日本列島ができていくのであるが、ここで話をとめて、アメノヌホコで混沌としたクニをかき鳴らした、というところに戻る。

アメノヌホコでかき鳴らしたときの、「こをろこをろ」とはなにか。

新編日本古典文学全集の注によれば、「「こをろこをろに」の「こをろ」は「かわら」と同源、カラカラという音をいう」とある。

つまり、「こをろこをろ」とは擬音語、オノマトペだったのである。

意外に、軽く、明るい音のような気がする。が、その前に、クニができるときに、こんな音をたてていたと伝えられていた、ということが意外な気がする。あまりに、リアルではないか。オノマトペを伝承していたのである。

「よいか、こをろこをろ、じゃぞ」

「は、こをろこをろ、でござりまするな」

「うむ、間違うでないぞ」

なんて、やりとりが目に浮かぶようだ（このやりとりの言葉づかい自体は、時代的にとても不正確です。念のため）。

クニがしっかりと定まるまえの、混沌とした世界。これを整えるべく下したアメノヌホコ。それで、かき回して出た音を表現したものが、「こをろこをろ」なのであるから、これは、クニの黎明《れいめい》とともに生まれたオノマトペなのである。

とはいえ、もちろんすぐに気づかれたかたも、いらっしゃるだろう。「こをろこをろ」は、あとから表現した音だから、そのクニをかき回していたときにできたオノマトペではあるまい、と。まあ、その通りである。それが、この章の冒頭で、ちょっともってまわったような言い方をした理由でもある。

しかし、そのあたりを割り引いたとしても、「こをろこをろ」は、『古事記』撰録のときには少なくとも伝えられていたオノマトペである。

現存最古のオノマトペと言っても、そんなにウソにはならないと思う。

『古事記』の表記方法

さて、『古事記』の原文を参照されたかたは、「こをろこをろ」にあたる部分が「許々袁々呂々」となっていたことに気づかれただろう。「許」と「袁」と「呂」は、漢字を用いて日本語の音を表わす文字、いわゆる「万葉仮名」というものであることは、ご存じのかたも多かろう。

それが、「許々袁々呂々」となっているのであれば、「ここををろろ」ではないのか。いい質問である。たしかに、現代の書き方であれば、そうなるだろう。けれども、古い時代においては、この「許々袁々呂々」という表記は、「許袁呂」を繰り返すことを意味していた。したがって、「許々袁々呂々」は、「こをろこをろ」で間違いない。

次の問題は、なぜ、オノマトペの「こをろこをろ」が、万葉仮名で記されていたのか、という問題である。

なにを言っているんだ、と言われるかもしれない。万葉仮名でしか、書けなかったから に決まっているではないか、と。

それは、その通りである。

しかし、こういう問題のたてかたはどうであろう。なぜ、わざわざ万葉仮名を使ってまで、オノマトペの「こをろこをろ」を記そうとしたのか？

そのことを考えるために、『古事記』が、どのような方法で書き表わされていたのかを確認しておこう。

『古事記』は、全文が漢字だということは、すでに述べた。

すると、全文、万葉仮名だったのか？　それは違う。

実は、このことについて、太安万侶は、『古事記』序文で、こう述べている。「全以音連者、事趣更長（全《また》く音《こゑ》を以て連《つら》ねたるは、事の趣《おもぶき》更に長し）」と。つまり、全文を万葉仮名で書くと、話が長すぎてしまう、というのである。

さすがに、安万侶もわかっていたのである。全文を万葉仮名で書けば、稗田阿礼の口から語られた伝承をすべてそのままに書き記すことはできるが、いかんせん、全体が長くなりすぎてしまう。

それではどうしたか。基本的には、漢文の語法を用いて、表記したのである。ただし、完全に漢文の語法を使ったのではなく、日本語の文法に基づく書き方が、入り交じったようなものになっている。

その漢文と漢字は、どう学ばれてきたのか。

日本に漢字が伝わってきたのはいつか、という問題は、なかなかやっかいである。漢字そのものを目にしていたことと、それを、文字として認識できていたこととは、別のことだからである。

漢字そのものを、目にしていたのは、かなり古かったろうと推定されている。歴史で習う「漢委奴國王《かんのわのなのこくおう》」の金印のことなどを考えると、かなり古い。また、近年、二世紀頃と推定される土器に、漢字が記されている、というような報告もあい次いでいる。

しかし、そのことで、日本人が自分たちの用いる文字として、古く自由に漢字を運用していたとするのは無理がある、とも考えられている。散発的すぎるのである。自由に使えたのなら、もっとたくさん、組織的に出てきてもいいはずである。

また、『古事記』『日本書紀』が伝える、漢字伝来の記事によれば、それは、三世紀末ごろになってしまう。しかし、これも、少々はやすぎるように思われる。『古事記』『日本書紀』の歴代の天皇在位が、ときに、一〇〇年とかそれ以上の長さになっていて、時間をそのまままさかのぼれないことも知られている。

伝来と習得も、また区別する必要がある。つまり、伝来したことと、それを組織的に習得することとは別のことである。伝来は、そう考えると、別にいくら古くてもかまわないのかもしれない。問題は、習得、つまり、日本人は（といっても、ごく限られた範囲になるが）、いつごろから漢字を習得したのか、である。

そのように考えていくと、五世紀前後あたりが、組織的な漢字の習得がおこなわれはじめた時期として妥当なのではないかと考えられている。そう見れば、たとえば、古墳から出土する鉄剣に彫られた漢字による銘文などの時期とも合うからである。

漢字の習得は、単に、一つ一つの文字を習得するだけではない。漢字をつかって文章を読み書きするということとセットになる。つまり、漢字と同時に、漢文も習得する、ということになる。

英語の勉強を考えてみてほしい。英単語だけを暗記して、文章を読み書きする知識（つまり、英文法）を勉強しなかったら、ほとんど意味がないではないか。

というわけで、『古事記』が書かれた七一二年は、漢字の組織的習得がはじまって、少なくとも二～三〇〇年が過ぎていた時期、ということになろう。

これは、けっこう長いのではないかと思う。日本人が英語を組織的に習得しはじめてからは、二〇〇年程度である（日本人の英語研究は、一八〇八年のフェートン号事件をきっかけに始まったとされる）。よく、『古事記』の時代は、まだまだ、漢字で日本語を書き表わすことに習熟していなかった時期だと言われることがあるが、本当にそう言っていいのだろうか。三〇〇年、それでは、なにをやっていたのだろう。

『古事記』の撰録は、漢字を組織的に習得しはじめてから、三〇〇年ほどになって、満を持してはじめられた、クニの成り立ちからそれまでの歴史を、漢字、漢文主体で書き表わそうという試みだった、とまとめられる。

しかし、漢字、漢文で書くとは、つまりは、外国語で書くということである。外国の文字を使って、外国語の文法を使って、自分たちのクニの歴史的伝承を記す。これが、『古事記』なのであった。

太安万侶の苦心と工夫

漢字、漢文、すなわち外国語を使ってクニの歴史的伝承を書こうと考えた安万侶は、あるカベにぶつかった。そのことを、序文にこう記している。「已因訓述者、詞不逮心（已《すで》に訓《よみ》に因《よ》りて述べたるは、詞《ことば》心に逮《およ》ばず）」と。

この箇所は、実は、前に引いた、全てを万葉仮名を使って書くと、不必要に長たらしくなる、というところの前にある。対句になっている。

漢文を使って日本語の文章を書くと、たしかに短くてすむ。しかし、それは、漢字の訓を用いて、日本語を書き表わすことになる。そうなると、言葉が心におよばない、というのである。

言葉が心におよばない、とは、どういうことか。

心とは、自分の言いたい気持ち、と言ってよいだろう。自分の言いたい気持ちが、言い表わした言葉では、尽くしきれない、届かない、というのが、言葉が心におよばない、ということである。このとき、「およぶ」とよまれている「逮」は、まさに、「逮捕」の「逮」である。「逮捕」とは、本来、犯人に追いついて、捕まえることなのであった。では、なぜ、言い表わした言葉では、自分の気持ちがおよばない、追いつかない、というのであろう。

理屈で考えると、漢字の訓は、やまと言葉なのだから、自分たちの持ち前の言葉である。自分たちの持ち前の言葉で述べているのに、自分の気持ちがちゃんと表現できていない、というのは変である。このくだりについては、いろいろな解釈が考えられる。

一つは、対句にある「全てを万葉仮名で書けば」、というところを手がかりに、万葉仮名で書けば、あとで読んで復元する言葉は一通りになるけれども、ある漢字で記された訓は、もう一度その文章を読んだときに、はじめに考えていた言葉にもどるとは限らない、ということを言っているのだろう、という解釈である。

つまり、漢字という、一通りだけの復元を許さないフィルターを通すことによって、自分の気持ちが、言い表わせない、伝えられないものになっている、ということである。

たとえば、川端康成の『雪国』を英訳する。英訳したものを、また、日本語に訳す。川端が書いたとおりにもどるであろうか。これは、まず無理であろう。冒頭の有名な一文は、もどるかもしれない。多くの人が覚えているからである。しかし、二文目、三文目、となると、もう覚えていないだろう（このあたりを上手に描いたものに、清水義範『スノー・カントリー』がある。ぜひお読みいただきたい。『江勢《えせ》物語』所収）。『雪国』を全文ローマ字で書けばどうか。これはもどる。字づらは、英語で使う文字だけれども、書かれている言葉は、日本語だからである。が、長たらしいし、読みづらい。

『古事記』も同じである。稗田阿礼が記憶していた伝承を、漢文を基調にして記したもの。それが、『古事記』である。それを誰かが、また日本語にもどす。しかし、稗田阿礼の述べた言葉にもどるとはかぎらない。万葉仮名を使えばどうか。これは元にもどる。字づらは漢文で使う文字だけれども、書かれている言葉は、日本語だからである。が、長たらしい。

また、こんな解釈も考えられる。それは、すべてを訓を使って述べようとすれば、それに見合うような漢字が必ずしもあるとはかぎらない、という解釈である。

これもわかりやすくするために、英語で日記を書く、ということで考えてみる。「今日は、クラスのみんなにシカトされてムカついた」というのが、「心」に思ったことであるとする。「シカトされる」「ムカつく」という語を、英訳すると、なんになるだろうか。

I was ignored とか、uncomfortable や mad などが思いつくが、これらが果たして、自分の心にとどく単語なのか、母語話者でないので、深いところまではわからない。また、そもそも、自分の心を表わす単語が見あたらない、ということもあろう。和英辞典を引きまくって、いちおう見つけたとしても、本当に、それが自分の心を表わしてくれる単語なのか、保証はない。しかも、その言葉で英語話者に伝わるのかも心許《こころもと》ない。

「隔靴搔痒《かっかそうよう》」という言葉がある。靴を隔てて、かゆいところをボリボリかくということである。直接かけばかゆみはやわらぐのに、靴ごしだから効果は薄い。もどかしい。それと似ている。外国に行ったひとは、日本語で言えれば一発で伝えられるのに、外国語で言わなければならない。ああ、じれったい。そう思ったことが何度もあるだろう。

さらに、こんな解釈も考えられる。自分の「心」は、日本語の文法を用いて表わされる。しかし、それを漢文に訳すには、文法的な発想そのものから変えていかなければならない。

これもわかりやすくするために、英語で日記を書くということで考えてみる。「今日は、一日中雨だった」というのが、日本語の文法である。しかし、これを英訳すると、It rained～のように、日本語では用いないItを使うことになる。自分で思ったとおりのことをまげて、外国語の文法的発想で記さなければならないのでは、その言葉は、心にとどかないのである。

どうして、そんな苦労をしなければならないのか。

外国語を使って日本語を書かなければならないからである。

しかし、そこをなんとか解決する必要がある。安万侶は、そこで、折衷案をえらんだ。基本線は、やはり漢文ベースで記し、必要な部分に、万葉仮名を交えるというやり方である。基本は、漢文ベースでいこう。やはり長すぎるのはまずい。出来事がただしく伝わる線で手を打とう、と。

それでは、万葉仮名で書かれた部分は、どういう部分かを見てみる。

まず、歌謡である。歌は、歌われたとおりに記録され、歌われたとおりに復元されなければならない。歌とは、そういうものである。そして、いまでも、そうである。

たとえば、カラオケに行ったとき、歌詞の表示が故障して出なくなったと、想像してほしい。たしか、こんな内容の歌だったと、適当につくって歌っても、面白くもなんともない。自分の好きな歌を、自分の好きな歌手と同じ歌詞で歌うからこそ、喜びなのである。

だから、『古事記』の歌謡も、万葉仮名を使って書かれたのだろう。祖先から、脈々と伝えられてきたとされる歌である。間違えてはならない。

次に、神々の名前である。「伊耶那岐命」「伊耶那美命」の、「イザナキ」「イザナミ」の部分は、万葉仮名である。クニをととのえ、栄えさせて、いまのもとをつくった神々である。間違えてはならない。

次に、種々の固有名詞である。神々の名前を万葉仮名で記すということも、この固有名詞を万葉仮名で表記する、というくくりの中に入れてよいのであろう。キーワードとなる登場人物名や地名である。間違えてはならない。

次に、『古事記』を読み進める上で、大切な単語である。たとえば、前に引いた部分には、こんな注がある。「二柱神、立〈訓立云／多々志〉」。この山括弧の部分は、実は、原文では、小字二行書き(「割り書き」ともいう)である。そこを読むと、「立を訓《よ》みて、多々志《たたし》と云ふ」ということになる。つまり、「立」は、「たたし」と読め、という指示なのである。「たたし」の「し」は、文法的にいえば、尊敬の助動詞。主語は、二柱の神たち。敬語で読まなければならない。そこのところは、間違えてはならない。

と、こんなふうに、見てくると、万葉仮名で記されているところに共通するのは、「間違えてはならない」ところ、ということになる。

間違えてはならないところは、万葉仮名で、唯一の、正しい復元がなされるように表記したのである。

万葉仮名とオノマトペ

万葉仮名で書かれているところは、読むときに、間違えられないようにという配慮のあるところであることがわかった。

歌謡、神々の名をはじめとする固有名詞。これらが大切な言葉であることは、理解できる。しかし、なぜ、その中に、オノマトペが入っているのだろう。

理屈から言えば、そのオノマトペも、『古事記』の撰録の際には、大切な言葉と認識されたのだ、ということになる。

生き生きとした言葉のいぶきが、安万侶の心をとらえたのかもしれない。とにかく、そう伝わっているのだから、むげにはできない、と思ったか。古い言い方らしいから大切にしよう、か。あとは……なんだろう。

その理由は、結局は、くわしくはわからない。が、ただ、愉快ではないか。

オノマトペは、歌謡や神々の名と同列なのである。

クニの産声とともにあった言葉。日本語のへそ。

というと、たった一つの例で大げさな、それこそ、ひいきの引き倒しというもんだ、などと言われるかもしれない。

けれども、たった一つではないのである。具体的に、見てみよう。

> 此の時に、伊耶那伎命《いざなきのみこと》、大きに歓喜《よろこ》びて詔《のりたま》はく、「吾は、子を生み生みて、生みの終へに三はしらの貴き子を得たり」とのりたまひて、即ち其《そ》の御頸珠《みくびたま》の玉の緒、**もゆら**に取りゆらかして、天照大御神に賜ひて、詔ひしく（上、伊耶那岐命と伊耶那美命）

この引用の、「もゆらに」がオノマトペだとされている。全文を原文で引用するのは、わずらわしいので、前も引いた、新編日本古典文学全集の解読文で見ているが、「もゆらに」に当たるところは、「母由良邇」とあり、割り書きで「此四字は、音で読め」という注記がある。

やはり、万葉仮名なのである。

この「もゆらに」というオノマトペは、「玉の触れ合う音」であるとされる。玉というのは、宝玉のことで、つまりは宝石である。ただ、いま、宝石というと、ダイヤモンドやルビーのようなものを想像してしまうが、これらは、むしろ、ヒスイとかメノウのようなものであったろう。勾玉《まがたま》のようなものを想像すればよいと思う。

それが触れ合ってたてる音なのであるから、ちょっとこもったような音になるのではないか。それを、「もゆら」と表現したのである。いまの感覚だと、「もゆら」という言葉で音を想像するのは難しく、音の形容というよりも、様子の形容、つまり、擬音語よりも擬態語なのではないかとも思えるが、それは、やはり、あくまでも現在の感覚。どんな音を感じていたのか、いまから一三〇〇年前の感覚にあれこれ思いめぐらしてみるのも、一興ではないか。

この「もゆら」というオノマトペは、どうもお気に入りだったらしく、他のところでも用いられている。そして、そこでは、「ぬなとももゆらに」という言い方になっている。「もゆら」だけでもわかりづらかったのに、「ぬなとも」がつくと、なにか呪文のようにも思える。

しかし、「ぬなと」というのは、「ぬ」が〈玉〉の意で、「な」は〈の〉を意味し、「と」というのは、〈音〉のこと。つまり、「ぬなと」全体で、「玉の音」という意味になる。というわけで、「ぬなとももゆらに」は、「玉の音ももゆらという音をたてて」といった意味になる。

この「ぬなとももゆら」は、実は、玉が鳴る音だけでなく、つるぎを三つに折って、井戸の水で振りながらすすいだときの形容にも使われている。三つに折ったつるぎが、水の中でぶつかり合って、音をたてたのであろう。そう考えると、玉もそうであったが、なにか、少しかためのものが触れ合ってたてる音について、決まり文句みたいに使われたのかもしれない。

なにか、「抜けば玉散る氷の刃《やいば》」なんていう、それこそ、むかしの時代劇の決まり文句を思い出してしまう。刃の放つあやしい光、抜いたときにさやめく音。オノマトペは使われていないけれども、どこかオノマトペを感じさせる表現である。

「こをろこをろ」も「もゆら」も、オノマトペのなかで分類すると、擬音語、つまり、あるものの音を写した言葉に属する。それでは、『古事記』のなかには、擬態語、つまり、あるものの様子を音のイメージで表わしたものはないのかというと、それもある。

たとえば、衣を、「そに」脱ぎ捨てる、などという言い方がある。この「そに」は、いまで言えば、「そっと」にあたるものとされる。「そに」の「に」は、今のオノマトペでも「ぱんぱんにふくれる」とか「キンキンに冷える」などというときの「に」にあたる。いわばオノマトペを載せる台のようなものである。

このオノマトペを載せる台としては、「に」のほかに、「ぎらぎらと光る」とか「ずんずんと進む」などというようなときの「と」もある。だから、「そ（っ）」は、いわば、「に」から「と」へと、載せる台を取り替えたものだということになるだろう。

この「そに」は、『古事記』のなかでも、歌謡のなかで用いられている。だから、やはり、万葉仮名で書かれている。そして、「そに」は、歌い継がれてきた歌謡のなかで生き続けたオノマトペなのである。

ヤマトタケルは足が「たぎたぎし」

『古事記』の中には、オノマトペ由来の動詞や形容詞も用いられている。「踏みとどろかす」「さやぐ」「すがすがし」などがそれである。

オノマトペをもとにした動詞や形容詞も、すでにあったのである。その中から、「たぎたぎし」というものを採りあげてみよう。

これは、足が「たぎたぎし」という表現で用いられている。どんな状況を表わしたものだと思いますか？

まず、原文の解読文を引いてみよう。

其処《そこ》より発《た》ちて、当芸野《たぎの》の上に到りし時に、詔《のりたま》ひしく、「吾《あ》が心、恒《つね》に虚《そら》より翔《かけ》り行かむと念《おも》ふ。然《しか》れども、今吾が足歩むこと得ずして、**たぎたぎしく**成りぬ」とのりたまひき。故、其地《なつ》を号けて当芸《たぎ》と謂ふ。其地より差少《やや》し幸行《いでま》すに、甚だ疲れたるに因りて、御杖を衝《つ》きて、稍《やをや》く歩みき。

これは、『古事記』中巻、倭建命《やまとたけるのみこと》の物語で、倭建命が、まさに落命するところの描写である。倭建命は、あまりに勇猛なために、父景行天皇から遠ざけられ、西に東に、征討の旅につかわされる。熊曾《くまそ》、出雲、東国と平定して、故郷大和へ、あとわずかの地、当芸《たぎ》野《の》（岐阜県養老郡の養老の滝付近か）へとたどりついたとき、自分の気持ちは、いつも空を飛んでいこうという思いなのに、足が、もう動かなくなって、「たぎたぎしく」なった、となげくのである。

それでも、ちょっと歩いてみたのだけれども、やはりひどく疲れてしまう。杖《つえ》をついて、なんとか歩けるぐらいであった。

この「たぎたぎし」について、新編日本古典文学全集の頭注は、

『常陸風土記』に、道のでこぼこしているのをタギタギシというとある。ここでは足が腫れてむくんで、凹凸のあるさまをいうか。

としている。なるほどと思いつつも、これをオノマトペ由来の語であると見る立場からは、ちょっと違う考えがある。

結論から述べると、この「たぎたぎし」は、いまでいう「くたくた」にあたるものであって、足がくずおれそうになっているさまを言うのではないかと、思う。

当芸野を出発した倭建命は、ようやくのことで、三重村（三重県四日市市近辺とされる）へたどりつく。しかし、そのとき、また、「自分の足は、三つに折れ曲がるようになって、ひどくつらい」と、さらになげくのである。まさに、足に力が入らず、三つに折り

たたまれたようだというのである。これは、足がくたくたとくずおれそうになっている「たぎたぎし」の、さらにエスカレートしたさまを言い表わしているのではなかろうか。だから、「たぎたぎし」とは、足がむくんで、凹凸ができているさまを言う、というのは、ちょっと違うのではないかと思う。

では、道のでこぼこも「たぎたぎし」というのはどう説明するのだ、と言われるかもしれない。「でこぼこ」とは、つまりは、真っ直ぐな状態ではないことである。そうすると、「たぎたぎし」というのは、真っ直ぐであるはずのものが、力がはいらなかったり、きちんとならしていないために、波打つように折れ曲がるさまを言うのだとすれば、統一的に説明できる、と思うのであるが、いかがであろうか。

いずれにせよ、「たぎたぎし」もまた、「当芸当芸斯」と、万葉仮名で表記されている。『古事記』における、この、オノマトペに対する執着は、いったいなんなのだろうと思うのである。

山上憶良は鼻「びしびし」に

つぎに、『古事記』をはなれて、『万葉集』をひもといてみよう。『万葉集』のなかのオノマトペで印象的だと思われるのは、山上憶良の「貧窮問答歌」の中の、鼻水をすするオノマトペである。日本古典文学大系の解読文を引用する。

風雑《まじ》へ 雨降る夜の 雨雑へ 雪降る夜は 術《すべ》もなく 寒くしあれば 堅塩《かたしほ》を 取りつづしろひ 糟湯酒《かすゆざけ》 うち啜《すす》ろひて 咳《しはぶ》かひ 鼻びしびしに しかとあらぬ 鬚《ひげ》かき撫でて（巻五・八九二番歌）

風とともに降る雨に混じって、雪の降る夜は、どうしようもなく寒くてたまらないので、粗塩をすこしずつなめ、酒粕を溶かした湯をすすり、咳《せき》をして、鼻をずるずるいわせながら、はっきりと見えないヒゲをかき撫でては……と続いていく。

この「鼻びしびしに」が、オノマトペである。原文は、「鼻毗之毗之尒」、やはり、万葉仮名で書かれている。しかも、このオノマトペは、とてもめずらしいものなのである。

なにがめずらしいのか。

「びしびし」と、単語の先頭が、濁音なのである。

そのどこがめずらしいのか。濁音で始まる言葉など、山ほどあるではないか。

そう、たしかに山ほどある。現在では。しかし、古代においては、濁音で始まる言葉はなかったとされるのである。

現代においても、濁音ではじまる単語は、たいてい、漢語、つまり、漢字の音読みにあたる言葉か、外来語、つまり、カタカナ言葉である。

　こころみに、濁音ではじまる単語を考えてみよう。「ダンプカー」、外来語である。「言語」、「げんご」は、漢語、音読みの言葉である。「抱く」はどうか。実は、これは和語、つまり、訓読みの言葉である。ならば、濁音ではじまる言葉はあったのではないか、と言われるかもしれない。しかし、この単語のもともとのかたちは「いだく」である。だから、本来は濁音ではじまっていない。ちなみに、「ばら」も同様である。もとは、「いばら（むばら）」。「だく」も「ばら」も、最初の「い」が、のちに落ちてしまってできた単語なのである。

「ざま」はどうか。「ざまみろ」、の「ざま」である。実は、これも和語なのだが、「さま」という語の先頭を、ことさらに濁らせてつくったものである。なぜ、濁らせたのか。それは、マイナスの意味を表わす語をつくるためである。「ざま」とは、みっともない様子を表わすために派生した単語なのである。

「だま」「ばれる」「どろ」なども、それぞれ、「たま」「はれる」「とろ」の先頭を濁らせてつくったものと考えられる。これらも、マイナスの意味を表わすものである。「だま」は、たとえば、「セーターのだま」とか、「天ぷらのだま」とかいって、たしかにいい意味ではない。「ばれる」も、裏でやっていた悪事が明るみにでることである。「どろ」も言うまでもない。

　国語学者の遠藤邦基氏は、このような現象を、「濁音減価」の意識があったためと、説明している。濁音ではじまる、というところに、マイナスのイメージが形成される契機があると考えるわけである。これらの単語は、中世以降に新たにつくられた単語で、古くにはみられなかったものなのである。

あまり詳しくやっているときりがないのであるが、要するに、古代には、濁音ではじまる和語は、通常はなかったのである。

ということで、「鼻びしびしに」の「びしびし」が貴重なのである。『万葉集』の時代に、「びしびし」という濁音ではじまるオノマトペがあったということは、いろいろなことを考えさせてくれる。

まず、オノマトペには、通常の単語の規則があてはまらないという側面があったのではないかということが言える。逆にいえば、オノマトペの一群は、通常の単語の集団には入らないようなものと捉《とら》えられていた。アウトロー、とまではいかない。けれども、なにか独自の群れを形成するもの。それが、オノマトペだったのではないか。

つまり、音としての側面では、自由な語群ということである。しかし、自由なだけに、臨時的に生まれては消えていくものであったのかもしれない。

そう考えると、いまから一三〇〇年も前のオノマトペが、残っていることが奇跡のように思えてならない。

さらに、「残せた」ということを考えるのも面白い。いくら残したいと思っても、手だてがなければ、できない。残せたのは、万葉仮名があったからである。このことは、なんども述べた。万葉仮名ができたのは、日本語が漢字をとりいれたからである。漢字から万葉仮名へ。そこになにがあるのか。すこし、いや、かなり専門的な話になるが、文字の本質という側面から述べてみたい。

オノマトペの話からは、大きく逸脱するが、それがわかれば、オノマトペを残した万葉仮名についての理解が深まるに違いない。ぜひ、聞いてもらいたい。

表語文字と表音文字

日本語は、もともと独自の文字を持たなかった。だから、漢字を、中国語から取り入れた。漢字は「表語文字」に属する。「表語文字」という言い方は、あまり聞いたことがないかもしれない。

「表意文字」という言い方がなされたこともあった。しかし、文字は、かならず、そのもとになった言葉の音がある。言葉を書き表わすために、文字がつくられた。音を表わさず、意味だけ表わす文字というのは、考えられない。どう読むかわからなくなった文字というものはある。しかし、それも、もとから音がなかったのではない。

意味だけ表わす文字はないということであれば、「表意文字」という言い方は、不正確である。いや、「表意文字」という言い方自体、もともと、意味だけを表わす、という意味で名づけたのではないでしょう、と言われるかもしれない。そうかもしれない。

しかし、「表意文字」という言い方が、あいまいなものであることは、いなめない。そこで、いまでは、「表語文字」、つまり、一つの文字が、同時に一つの単語を表わす文字だという言いかたをするのである。

漢字は、表語文字である。「山」、これは、「サン」という単語を書き表わした文字である。そして、そのことにともなって、「サン」という読みかたもまた表わすわけである。が、mは違う。これだけでは、単語を表わさない。mountain のようなつながりになって、はじめて単語を表わすことができる。だから、表語文字ではない。このような文字は、「表音文字」と呼ばれることは知られていよう。

気づいたひともいるかもしれない。英語のIというのはどうか。〈わたし〉という意味の単語を表わしているではないかと。すると、Iは表語文字で、mは表音文字か。アルファベットは、表語文字と表音文字のまじったものかと。

しかし、そう考えるのは適切ではない。アルファベット全体をみまわしたとき、ひと文字が、そのままで意味を持つものは、英語の冠詞のa〈一つの〉とか、スペイン語の接続詞y〈そして〉とか、ほかにもありはするが、やはり、ごくまれである。だから、アルファベットは、全体のセットとしては、やはり、表音文字である。

けれども、そのアルファベットも、もとをただせば表語文字であった。たとえば、アルファベットの最初の文字である「A」。これがなぜ、表語文字なのか。

この「A」を上下さかさまに、ひっくり返してみてほしい。そして、真ん中にある横棒を、右と左に少しだけのばす。なにか、顔みたいに見えてきませんか？　かなり抽象的なのだけれども、これは、〈牛〉を意味した表語文字であるとされる。読みは、「アレフ」。ギリシア語「アルファ」の語源でもある。

「アレフ」の最初の音の「ア」という音だけを、このAで表わすようにしたものが、表音文字としてのAである。

実は、世界の文字の歴史をみていくと、もと表語文字だったものが、表音文字としても用いられるようになったという道をたどったものとして、ほかにも、エジプトのヒエログリフや、メソポタミアの楔形《くさびがた》文字を挙げることができる。なんと、高校の世界史で普通に習うような、とても有名な文明で用いられた文字が、そうだったのである。

表語文字から表音文字へ。これが、文字を使用していくうえで、一つの流れとなっているのである。

表語文字としての漢字

もう一度繰り返すと、漢字は表語文字である。漢字には、伝統的に「形《けい》・音《おん》・義《ぎ》」ということが言われる。

「形」は、字のかたち。漢字には、さだまった字の形がある。この形をはずれると、正しく読んでもらえない。

学生時代に、漢字を微妙に変えて、人の名前を書いて遊んでいた同級生がいたことを思い出す。「雅巳」を「雑巳」、「平井」を「平丼」、「竜二」を「庵二」。こんなふうにわざと別の字を書いて見せるのである。活字だと一目瞭然なのだが、手書きなので、うっかりすると見逃してしまう。一見ばかばかしいような遊びなのだが、漢字は、ほんのちょっと字の形が変わっただけで、まったく別の意味になってしまうということを、うまく使っていると思う。

「音」は、漢字の場合、「音読み」のほうをさす。「音読み」は、もとの中国語の原音が、日本風に変わったものである。

「義」は、意味のこと。「山」という漢字の意味は〈やま〉である。というと、「ヤマ」は意味ではなくて、「読み」でしょう、と言われるかもしれない。

うむ、そこがややこしいところなのである。

ちょっと、昔話を聞いてほしい。

「山」という中国でできた文字がありましたとさ。中国では「山」は、日本人からは「サン」と聞こえるような音で発音されていました。この文字が、日本にわたってきました。

日本では、「山」の発音をまねしましたが、結局、「サン」のようなかたちにおちつきました。

で、「山」という字はどんな意味なんだと、尋ねたところ、自分たちが「やま」と呼んでいるものを表わしている、と知りました。

そうか、「山」というのは、おれたちの言う〈やま〉という意味なんだ……。

それを知った人々は、驚くべきことをはじめました。「山」という漢字を見たときに、それを「ヤマ」と読むようになったのです。めでたしめでたし。

どうです、驚いたでしょう？

え、なにが？　ですか……。

昔話モードをやめて、解説しよう。「山」を「ヤマ」と読んであやしまないのは、そう読み続けた時間があまりにも長く、読みそのものが染みついてしまったものだからである。しかし、これは、本来、あやしむべきことなのである。

たとえば、英単語のdog。なんと読むだろうか。「ドッグ」である。本当は、もっと微妙な、「ダッグ」との中間みたいな発音なのだろうが、日本風に変えてしまうと、「ドッグ」である。

さて、dogという字面を見て、「イヌ」と発音するひとはいるだろうか。さらに、

「dog《イヌ》」のように、振り仮名をふるひととは？

そのように考えてはじめて、「山」を「ヤマ」と発音したり、漢字に、こんなふうに「山《やま》」などと振り仮名をつける「あやしさ」が理解できる。英単語ならやらないことを、漢字には平気でやっているのである。

われわれが、漢字の「訓読み」と呼んでいるものは、実は、意味を発音化したものなのである。dog の音読みは「ドッグ」で、訓読みは「イヌ」です、と言っているのに等しいわけである。

こう考えて、はじめて、漢字の訓読みというものが、いかにヘンな、ヘンといっては問題があるなら、いかに興味深いことをしているかがわかる。

しかし、逆にいえば、日本語は、漢字の意味を読みとして、いわば、漢字に読みを「癒着」させることによって、日本語の中に漢字を取り込んでしまったのである。

そして、そんなことができたのも、漢字一文字が、一つの単語を表わしていた、つまり、表語文字だったことによるのである。

表音文字としての万葉仮名

「形《けい》・音《おん》・義《ぎ》」からできている漢字から、義、すなわち意味をすてさったものが、万葉仮名である。

漢字の発音をまなんだ昔の人々は、そのもともとの中国語の発音が、自分たちの言葉の発音のしかたとは、ずいぶん違っていることに気づいたことだろう。かなり複雑な発音なのである。

しかし、それを、単純化することによって、自分たちの発音を書き表わすことができることに思いいたった。

いや、正確に言えば、漢字の音を、自分たちの言葉の発音に似せて使えることに気づいた、ということだろうか。

たとえば、こんなふうではなかったのか。

天を指して、「アマ」と発音している。文字のないときには、「アマ」という二つの文字からなる言葉だということさえも意識していないかもしれない。けれども、漢字を学んでいる途上で、自分の言っている「アマ」という音に似た漢字の発音を利用できないかと思い、工夫してみたのではないだろうか。

すると、自分の「アマ」という発音のそれぞれに、「安末」とか「阿万」という二文字の漢字を宛てると、ちょっと余分なところがあるけれども、なんとか書き表わせそうだ、ということに気づいたのではないか。

もう少し詳しく言うとこうである。

「安」の音読みの発音は「アン」である。しかし、このうちの「ン」を無視して、これで、

「ア」と読むことにする。「末」も、音は「マツ」だけれども、「ッ」を無視して、これで「マ」と読むことにする。「万」も同じ。「マン」の「ン」を無視する。

よく聞くと、「アンマツ」とか「アマン」だけど、まあ、いいか、と。

この方式をとれば、「あま（天）」という日本語を、「安末」と書くことができる。そして、このとき、「安末」のそれぞれの漢字の意味は、利用されていないことも、改めて確認できる。「やすらか」とか「すえ」という意味は、まったく関係なくなっているのである。

これは、英語の単語を用いて「アマ」を an mat とか a man と書き表わしているのに等しい。

けれども、英語の単語を利用して書くときと、漢字の音を利用して書くときでは、大きな差がある。それは、一音にあたる文字の長さである。漢字を使っているときには、つねに、一音あたり一マスしか使わないのである。英語の単語だと、長短、まちまちになってしまう。

しかし、漢字ならば、規則正しく、一マスに一文字なのである。このことは、日本語を書き表わす際に、とてもラッキーなできごとであったろう。

また、漢字が、一文字一音節であった、ということも大きかった。日本語の音節は単純で、子音ひとつに母音ひとつが結びついたものを基本とする。漢字は、もっと複雑で、子音のあとに母音、そしてさらに韻尾に子音がくることが多い。

日本語	子音＋母音（「マ」ならば、ma）
中国語	子音＋母音＋韻尾（「末」ならば、mat）

しかし、逆にいえば、最後の子音を無視して、通常は複雑な母音の部分も、単純なものを選べば、なんとか、漢字の音を利用した日本語の表記が可能であった、と言える。とはいえ、そのようなことが熟成されていくまでには、かなりの年月がかかったのではないだろうか。

万葉仮名の発達したわけ

前に、漢字が組織的に習得されはじめたのは、五世紀前後であろうと述べた。埼玉県行田市の稲荷山古墳から出土した、金の文字をはめこんだ鉄剣には、すでに万葉仮名で、王の名（ワカタケル、と解読されている）が刻まれている。この鉄剣は、五世紀末または六世紀初頭のものであると考えられている。したがって、漢字の音を利用すれば、自分たちの日本語の発音を漢字で書くことができると気づいたのは、かなり早かったと考えてよいだろう。

しかし、ある日本語の音に漢字を宛てるとして、どの漢字を、どう宛てるかが安定するまでには、時間がかかったのではないかと思われる。前に述べた「ワカタケル」の表記も、「獲加多支鹵」のように書かれている。「ワ」の音を表わすために「獲」を使っている。のちには、「和」が用いられて、ひらがな「わ」の字源にもなる。

今の目で見れば、「和」のほうが簡単でいいと思われるのだけれども、それに思いいたるまでが、やはり、大変なのである。

解決すべき問題は、まだある。そもそも、何種類の音を区別して書けばいいのか。また、だれかが書きつづった万葉仮名を、他のだれかにも読めるようにするにはどうするか。え？　振り仮名を付ける？　まだ、万葉仮名をつくったばかりで、ひらがなもカタカナもないのですよ。

しかし、そんな困難を、少しずつクリアしていって、万葉仮名は、しだいに発達していったのである。

ところで、なんのために万葉仮名は発達していったのか。この問題について、国語学者の釘貫亨氏は、端的に言って、固有名詞を表記するためであった、と述べている。律令制が整備されて、文書《もんじょ》主義が発達すると、租税の徴収が国家にとって重要なものとなる。租税の徴収のためには、個人を個別的に把握できなければならない。そのために非常に有用なのは、個人名である。個人名は、万葉仮名でしか表わしえない。とすれば、より効率的で、より簡便な万葉仮名が追求されるはずだ、と。

たしかに、言われてみれば、鉄剣に刻されていた万葉仮名も、固有名詞である。これは、かなり説得力がある。万葉仮名が、より効率的に使えるようになった過程には、租税のための固有名を表記するという動機は、たしかに大きかったに違いない。

しかし、考え直してみると、王の名前の刻まれた鉄剣の時代は、まだ古墳時代。万葉仮名を使いはじめた、まさにその最初のときはどうだったのだろうか。これは、想像をたくましくするしかないが、現代のわれわれが、最初に新しい言語、または文字を習いはじめたときのことを考えてみると、やはり、自分の名前はどう書くのだろうと思うのではなかろうか。つまり、文字を獲得するということは、名前を書くということなのである。

いや、もっと想像をたくましくしてみる。漢字を習得するのは、支配層、すなわち王族の周辺にいる、知識人層であろう。このようなひとが漢字という、最先端のメディアを習得したなら、まっさきに、王の名前を書いてみせはしなかっただろうか。

ごますりかもしれない。たしかにごますりである。しかし、携帯用小型ムービーを買うのは、生まれた子供のためである。最初に撮《うつ》されるのは、子供である。子供は、家族の「王」なのである。最新のメディアは、「王」のために使われるのだ。

おっと、話が変なふうに曲がってしまったが、とにかく、万葉仮名は、表語文字である漢字の「形・音・義」のうち、「義（意味）」の部分をすてさり、残った、「形」と「音」を利用して、日本語を書き表わしていたのだ、ということを、いまいちど心にとどめてほしい。

万葉仮名から略体仮名へ

表語文字である漢字の「形・音・義」のうち、「義（意味）」の部分をすてさって、日本語を書き表わした結果、どうなったか。たとえば、「山」は「夜麻」「夜末」、「君」は「伎弥」「枳美」などと書かれることになった。これを見てわかるとおり、「山」は、「夜に生える麻」でもないし「夜の末にあるもの」でもない。「君」の万葉仮名表記でも同様である。意味の部分をすてさっている、というのは、このようなことを言っているわけである。

このような万葉仮名が発達してくると、どのような事態になってくるか。

一方では、たとえば、「カ」にあたる文字が、どんどん増えてくる、ということになる。だれかが「カ」にあたる文字を工夫すれば、それにしたがうひとも出てくるだろうが、一方では、それなら自分は別のものを工夫するというひとも出てくるだろうからである。いや、そんな対抗心など持たなくとも、別々のひとが工夫した「カ」の万葉仮名が、一致しないというのは、普通のことであろう。

一つ一つの音に対応する文字が増えれば、それで表記される単語の字面も、格段に増えてしまう。

日本古典文学大系の『万葉集一』（岩波書店）に載っている「万葉仮名一覧」を見てみると、「ア」を表わすものは、推古期のもので一種類、『古事記』・『万葉集』で三種類、『日本書紀』で三種類となっているが、「シ」になると、推古期のもので一種類、『古事記』・『万葉集』で三四種類、『日本書紀』で二五種類もの万葉仮名が数えられている。単純にいえば、「あし（足）」を書くのに、『古事記』・『万葉集』レベルなら、一〇二種類、『日本書紀』レベルなら七五種類の組み合わせがあるということになる。

そして、たとえば、ある個人のことを考えたとき、本当にひとりで、二〇も三〇も、字を使っていただろうかという疑問も生じる。自分にとって主要なものをいくつか使っていただけではないのか、と。もちろん、それには反論も予想される。しっかり覚えて、多彩な万葉仮名の運用をした個人もいたろう、と。なるほど。しかし、かりにそうだったとしても、たかが「足」を書くのに、「阿嗣」とか「阿施」のような難しい字をあえて使うのは、効率的でないと考えるのは、当然ではなかったろうか。

そうすると、ある音に対する万葉仮名の種類を削減しようという動きが起こることが考えられる。また、一方では、より画数の少ない万葉仮名を使おうとするのではないか。万葉仮名を、なにか記録したりするために日常的に使おうとすれば、どうしても、そうなるのではあるまいか。

逆もある。『日本書紀』の万葉仮名は、総じて画数の多い、小難しい万葉仮名を使う。まるで、こんな難しい字だって知っているんだ、ということを誇示しようとするかのようである。ちょっと、こんなところに書いていいものかと迷うが、まるで、一時、暴走族が塀にスプレーで書いていたグループ名のようである。ことさらに画数の多い難しい字を使って「泥薇瑠」(デビル)などと書いていた。思わず、漢和辞典はどこで買ったんだと、つっこみたくなる。

さて、閑話休題で、話をもとにもどすと、万葉仮名が精選されてくるにつれ、かえって、それらを楷書《かいしょ》で書くことは、わずらわしくなってくるのではないかと思う。漢字を楷書で書けば、それだけ漢字の意味が前面に出てくる。また、どうせ意味を示すわけでもないのに、楷書で書く必要もない。

そうなると、楷書で書く手間を省く、ということになってこよう。手間を省く方法は二つある。

一つは、くずす。「カ」を表わす万葉仮名「加」をさらにくずしていく。その際、幸いに、中国の書道には草書という書法があった。草書は、隷書という書体を簡略に書くべく編みだされた書法である。あまりに簡略にしたので、すこしもとに戻した行書という書体ができたぐらいであるから、そのくずしかたは、筋金入りである。この草書の方法を利用して、「加」は、しだいに「か」のような字へと近づいてくる。

もう一つは、はぶく。同じく「カ」を表わす万葉仮名「加」のうち、右側のつくりの部分の「口」を書かなくても「カ」であるということにする。「力」である。もうこうなると、「加」とは別字である。「ちから」を表わす字と一致するが、それは、偶然である。とにかく、五画あった万葉仮名「加」は、「カ」となって二画になった。

これらが、いわゆる「略体仮名」と呼ばれるものである。ひらがなとカタカナの前身である。

このような方法が組織的に発達したのは、九世紀のはじめごろと考えられている。平安時代の初頭である。『古事記』撰録が七一二年。それから、約一〇〇年後である。

ひらがなとカタカナができて、そのもとの漢字は、ついに、その「形・音・義」の、「義」と「形」を失ってしまったのである。そして、残ったのは「音」。

独自で新たな表音文字の誕生である。

漢字（表語文字）		万葉仮名（表音文字）		仮名（表音文字）
[形・音・義]	↓	[形・音]	↓	[音]

ただし、厳密に述べれば、仮名は、漢字としての形は失ったのだが、そのかわり、くずしたり、はぶいたりしてできた、新しい形を得ている。だから、まったく形を失ったわけではない。前頁の図で失われた「形」は、あくまでも漢字としてのものなのであることは、心にとどめておいてほしい。

漢字という表語文字から、ひらがなとカタカナという表音文字へ。しかし、この動きは、前にも述べたように、エジプトのヒエログリフでも、メソポタミアの楔形文字でも、また、アルファベットが生み出されるときにも通った、いわば普通の道であった。

ただ違うのは、もとの表語文字を生み出したひとびとと、そこから表音文字を生み出したひとびとが、連続していないということである。それなのに、結局同じことをしてしまうとは、人類というものの不思議さを思わずにはいられない。

平安王朝のオノマトペ

ひらがなとカタカナができたことで、日本語をさらに自由に書き記せることになった。文字を書くスピードが格段に速くなったのである。しかも、ひらがなの場合は、連綿体という、続けて字を書いていくスタイルも発達した。

まさに、さらさら、スラスラ書けるようになったのである。

平安時代のはじめに起こったこの文字の大変革により、特に、ひらがなを駆使して、王朝の仮名文学という一大ジャンルが形成されるにいたったのは、だれでも知っていることであろう。

王朝文学のオノマトペにも、いろいろと面白いものはあるのだが、ここでは、あえて、いっぷう変わったものを紹介しよう。

『落窪物語』（一〇世紀末成立）の一節である。ヒロイン落窪の君に、継母である北の方が策謀をめぐらして、典薬助《てんやくのすけ》に夜這《よば》いをかけさせる、というシーン。

典薬助は、やってきたものの、勝手がわからなくてまごまごする。落窪の君につかえる、あこきという女房の機転で、戸も開けてもらえず、結局、夜がふけるまで、ずっと板敷の上にいる。

夜ふくるまで板の上にゐて、冬の夜なれば身もすくむこゝちす。そのころ腹そこないたる上に、きぬいと薄し。板の冷ゑのぼりて腹**ごほ〱**と鳴れば、翁、

「あなさがな。冷えこそ過ぎにけれ。」

と言ふに、しゐてごほめきて、**ぴちぴち**と聞こゆる、いかになるにかあらんとうたがはし。

夜がふけるまで、板敷の上に座っていて、しかも、冬の夜なので、身も凍えるばかり。ちょうど腹をこわし気味のうえに、着ているものも薄い、というのである。ことに及ぶときに面倒がないようにと、冬なのに、あまり着てこなかったのだろうか。気がはやい。ハワイに出かけるというので、まだ寒いのに、はやばやと空港にアロハシャツを着てくるたぐいか。

板敷の冷気が、体に伝わりのぼってきて、お腹が「ごほごほ」と鳴る。新日本古典文学大系（岩波書店、藤井貞和氏校注）の脚注によれば、「「ごほごほ」は「ごぼごぼ」かもしれない」とする。とにかく、大変なピンチである。

「ああこれはひどい、体が冷えすぎてしまった」と言ううちにも、さらに強く「ごほ」めいてくる。これも、「ごぼ」めいてきているのかもしれない。そして、ついには、「びちびち」と鳴らしながら、無念、もらしてしまう。で、「ああ、おれどうなっちゃうんだろう」などと、この先を案じるのであった。

いまから見ても、あまり品のある描写とは言えないので、こんなことを書くのは、当時の男性下級貴族だろう、ということになっている。

たしかに、女流文学では、なさそうな描写である。思えば、光源氏であっても、底冷えのする京のこと、女のもとに通う折に、つい体を冷やしてお腹をこわしてしまうことなど、あったのではないかと思う。それで、惟光《これみつ》に、草むらをかきわけるよう命じたりなんかして……とまでは、さすがに悪のりであるが、これは、やはり、あえて書かないのだというしかないのだろう。

そう考えると、まさに、この描写はリアルであり、それだけに貴重なものなのである。そして、もちろん、オノマトペの表現史にとっても貴重なものと言える。よくぞまあ、これをリアルに書こうと決心したものだ。どうして、ここまでこだわったのかと、聞いてみたい気がする。

そして、もし、その下級貴族の人が、仮に二〇〇年も生きてきたひとであれば、むかしは、この「ごほごほ」を書くのに、漢字を使わなければならなかったのに、いまは、ひらがながあって、便利でおじゃる、などと、のたもうたことであろう。

ちなみに、「ごほごほ」というのは、「ごぼごぼ」の可能性もあるということであったが、もとの表記は「こほこほ」である。つまり、濁点がついていない。略体仮名ができたとき、特にひらがなは、濁音の表示をしなかったのである。カタカナのほうは、比較的はやく濁音を表示する方法ができて、その方法が現在にいたるのであるが、ひらがなは、長く、濁点をあえて加えはしなかったのである。

だから、「こほこほ」と書いてあっても、そのまま「こほこほ」なのか、「ごぼごぼ」なのか、「こぼこぼ」なのか「ごほごほ」なのか、実は、はっきりとしない。また、ずっと前に述べたように、オノマトペは、通常の言葉にはある、音の上の制約がないとすると、

「こぽこぽ」とか、「ごぽごぽ」の可能性もあったかもしれないのである。いずれにせよ、あの典薬助に救いはないのであるが。

なぜそんなところまで書き表わせるようにしなかったのか、とも思うが、文字は、発音記号とはちがう。ある文字の連続をどう読むかを社会的に決めて、そう読めばいいものなのである。当時のひとにあっては、「こほこほ」が、前のような文脈にあれば、濁点をいちいちつけなくとも理解できた、ということなのであろう。

もう一つ、王朝のオノマトペについて述べたい。

王朝の物語に、泣く表現が多いことは、よく知られている。ブルガリア出身の日本文学研究者、ツベタナ・クリステワ氏は、『とはずがたり』をブルガリア語に訳して、本国で大ベストセラーにしてしまったひととしても知られているが、『古今和歌集』から『新古今和歌集』までの八代集における「袖《そで》の涙」という表現を徹底的に調べて、『涙の詩学――王朝文化の詩的言語』（名古屋大学出版会）という著書まで著わしている。

このような研究に触発されてか、ごく最近、日本文学研究者の今関敏子氏を編者にして『涙の文化学――人はなぜ泣くのか』（青簡舎）という論集が出た。

この中に、『源氏物語』の「涙」について、国文学者の岩佐美代子氏が、研究論文を寄せている。それによれば、『源氏物語』の「涙」に関する表現は、七三種類にものぼり、ぜんぶで三八六回の使用になるという。ただし、「泣く」という表現はカウントしていないというから、それを加えれば、さらに回数は伸びるであろう。

涙関連のオノマトペとして目につくのは、「ほろほろ」「よよ」「つぶつぶ」あたりである。

このうち、「ほろほろ」については、あわれさの中に、どこかユーモラスなおかしみも含んだ表現であるのだそうだ。その細やかな観察には納得したのであるが、やや意外で面白かったのは、「よよ」である。

「よよ」と泣く、というのは現代語では、なにか、弱々しく、女性がくずおれるように倒れながら泣き伏す、といったイメージではなかろうか。とはいえ、いまは、なかなか、「よよと泣く」というような場面は、あまり見られなくなっているように思うし、「よよと泣く」といった言い方自体、もう古くなっているのかもしれない。

『源氏物語』には、「よよ」の例は、四例あるのだが、なんと、そのすべてが、男性の、しかも、号泣である。夕顔の急死をなげく源氏のもとに駆けつけた惟光が、ふたりのあまりにいたわしいすがたを見て号泣する。須磨の秋に、十五夜を見あげて、内裏のことを思い出して、光源氏が号泣する。危篤状態になった大君《おおいぎみ》の見舞いに駆けつけた薫が、大君の手をとって号泣する。浮舟に手紙を送った返りごとに、私なんて峰にかかる雨雲になってしまいたい、などと、はかないことが書いてあったのを見て、匂宮《におうのみや》が号泣する。

ひとつだけ、原文を引こう。薫が「よよ」と泣く。

「日ごろ、訪れたまはざりつれば、おぼつかなくて過ぎはべりぬべきにやと口惜しくこそはべりつれ」と息の下にのたまふ。「かく、待たれたてまつるほどまで、参り来ざりけること」とて、さくりも**よよ**と泣きたまふ。（総角《あげまき》）

大君は薫に、「最近いらっしゃらなかったので、このままお会いすることもできないままなのだろうか、と残念に思っておりました」、と、息も絶え絶えにおっしゃる。このまま、会えずに死んでしまうんだろうかと不安でした、というのである。「私のことをお待ちくださって、そんなお気持ちになるほどだったのに、やって参りませんでしたことが……」。ああ、なんということをしてしまったのだ、あやうく、話もできないままに、いかせてしまうところであった、との後悔、自責。「さくりもよよ」の「さくり」は、いまで言う、しゃくりあげるさま。まさに嗚咽《おえつ》なのであった。

ここで、ひとつ疑問が生まれる。いつから、「よよ」は女性専用の泣くさまになったのであろうか。いま、試みに、国立国語研究所が公開している、一九五四年から二〇〇三年までの雑誌論文を中心にした、約一五万件にものぼる、研究論文のデータベースにアクセスして何本か実際に見たのだが、明確に示しているものはどうもなさそうである。

一方、前にも使ったインターネットの「青空文庫」を検索すると、近代文学の作品では、

「よよ」は、すべて、女性の例だけであった。いつ、変わったのだろうか。これも、わかったら、とても面白いことだと思う。

中世の先生が使ったオノマトペ

オノマトペは、中世における講義の際にも、さかんに用いられていたことが知られている。中世における講義の記録を、「抄物《しょうもの》」という。これは、たとえば、『史記』『漢書《かんじょ》』『論語』『蒙求《もうぎゅう》』といった、中国の代表的な歴史書、哲学書、詩文や、仏教書、また、『日本書紀』のような日本の古典などを、僧侶、学者などが講義した、その講義録である。

いまで言えば、大学の先生の授業ノートが出版されているようなものである。

けれども、いまと違うのは、その文章が、先生のしゃべり方を伝えている点である。大学時代、授業中に、先生の口癖が気になり、その回数を記録したことがある。「じつは」というのが口癖の先生、「ともあれ」が口癖の先生、いろいろなのである。「じつは」が口癖の先生は、授業の当初は、「じつは」なのだけれども、終わりに近づくと、少し早口になり「じつぁー」のようになることもわかってきた。「ともあれ」も、「とまれ」に近い発音になる。明治時代の文章なんかに出てくる言い方だ。面白い。

あるとき、耳をすませて、「じつは」「じつぁー」が、口にのぼるたびに、区別しながら、「正」字を書いていった。こうすれば、授業にも必然的に集中すると、一石二鳥に思えた。

が、結局、「じつは」に気をとられて、授業の中身がよく頭に入らないことに気づき、一回でやめた。

しかし、こんな、しゃべり口調が、そのまま講義録に載っていたら、ちょっと面白いかもしれない。

具体的には、どんなものなのか、それに、オノマトペはどうからむのかを、『蒙求抄』という抄物をもとにして述べてみよう。

『蒙求抄』というのは、『蒙求』という中国の教訓書の講義録である。『蒙求』とは、中国の歴史書や哲学書などから、興味深いエピソードを持つ人名と、そのエピソードを二文字の言葉にして組み合わせたものを、韻をふみつつ、連ねたものである。

たとえば、「孔明臥龍《がりよう》」「漢祖龍顔」のようになっている。「孔明」は、諸葛孔明《しよかつこうめい》のこと。「漢祖」は、漢の初代皇帝となった劉邦のこと。司馬遼太郎の小説『項羽と劉邦』でも有名な、劉邦である。「孔明」が、「臥龍」であるというのは、諸葛孔明が、まるで臥《ふ》した龍のように身を潜めていて、そこに劉備が三度たずねて、主従の交わりを得た、というエピソードによる。『三国志』の、有名なエピソードだから、知っているひとも多いだろう。また、「劉邦」が「龍顔」であるというのは、劉邦が龍の申し子であるという出生時のエピソードにもとづく。

このような四字一句のものに、さらに、似たようなエピソードのひとの分をもう一句つくって、二人分ペアにしてまとめてある。全体で、五九六句になる。このことによって、中国の歴史に名をとどめるような人名を覚えることができ、しかも、そのひとがどういったひとなのかも同時にわかり、さらに、同じようなひとはだれかもわかる。すぐれものである。ちなみに、孔明と劉邦の場合、それぞれ「孔明臥龍、呂望非熊」、「晋宣狼顧、漢祖龍顔」というペアになっている。いちばんわかりやすいペアは、「孫康映雪、車胤《しゃいん》聚蛍《しゅうけい》」であろうか。「蛍の光」に歌われているエピソードである。

その『蒙求』の講義録が、『蒙求抄』であるが、講義は、たった一回だったわけではない。今回は、清原宣賢《のぶかた》という高名な学者が、享禄二年（一五二九）に講義したものを、江戸時代に入って、寛永一五年（一六三八）に刊行したものをテキストにする。ただし、読みやすさを考えて、濁点や送り仮名など、少し手を加えている。

馬ニ逆ニ乗テ帰ルゾ。尾ノ方ヘゾ。**メタ**ト酔テ帰ルゾ。

三国時代の山簡というひとのエピソード、「山簡倒載」という句の講義の一節である。「倒載」は、山簡が、馬に乗るとき、酒に酔って、前後あべこべに乗った、というところを表わしたものである。その酒に酔ったさまを、「めた」で表わしている。

この「めた」であるが、当時の辞書である『節用集』を引いてみると、「泥酔　メタトヨウ」と記してある。

いま受ける感覚だと、「すっかり」とか、「めっきり」程度で、たしかに、馬に前後あべこべに乗るほどだから酔ってはいるのだろうが、すっかりいい気分程度ではないのかと思ってしまうが、どうもちがうようである。いまでいう、「ぐでんぐでん」ぐらいが、「めた」になるのである。

ともあれ、このオノマトペ「めた」のおかげで、山簡が酩酊《めいてい》した様子が、生き生きと伝わってくる。当時の受講生は、そうか、それほどひどかったのかと、理解をあらたにしたにちがいない。

それから、この引用でもわかるとおり、最後に「ぞ」を使っている。「〜したんだぞ」のような言い方をしていたのである。当時の授業のさまが、目に浮かぶようではないか。

厳然トシテ好礼ゾ。ハタラクニモ、止ニモ、チツトモ礼ニタガハヌゾ。コグライ処ニ居テモ、我ガ身ヲト、ノヘテ、ハツタトシテ居ルゾ。

後漢の張湛《ちょうたん》というひとのエピソード、「張湛白馬」という句の講義の一節である。張湛というひとは、清廉潔白のひとで、礼をこのんで、いつもぴっとしていたらしい。白馬に乗って、皇帝をいさめに来たところから、「張湛白馬」という句になっている。

周囲のひとが、あれは、清廉潔白なふりをして、ひとをだましているのだと言うと、普通のひとは、悪いことをやってだますが、おれは、いいことをやってだましているんだ、と言ったというから、この張湛、筋金入りである。

その常日頃のありさまの描写が、前の引用である。張湛は、動作一つ取っても、礼にしたがったもので、ひとの目のとどかない、薄暗いところにいたとしても、わが身をくずすことなく、「はった」としていたというのである。

「はった」は、いまなら、「はったと睨《にら》みつける」ぐらいにしか使わないだろうか。それでも、少しふるい言い方かもしれない。この「はったとしている」というのは、まったくスキのないさまを言っている。強い緊張感。さぞや疲れることだろう。と、そう考えるのは、私のような凡人だけか。自分は、善をおこなってひとをあざむいているのだ、とまで言うひとだから、身体に密着したものなのであろう。

少しもスキを見せず「はった」としているというのと、「はった」と睨みつけるというのは、その強い緊張感、という点で、共通するものがありそうだ。

ヱツクワトシテ、世界ニ人アリトモ思ハイデ、心エヌナリヲシタゾ。是ガ至極ヂヤト思テ、魏勢ナ体ガミエタゾ。

これは、春秋時代の宰相、晏嬰《あんえい》の御者のエピソード、「晏御揚揚」という句の講義の一節である。「晏御」とは、「晏（嬰）」の「御（者）」という意味で、「揚揚」は、いまでも「意気揚々」などと使う、気分が高ぶって、堂々としたふるまいをするさまである。ただし、ここでは、あまりいい意味では使われていない。

晏嬰が出かけるとき、その御者は、自信に満ちて堂々としたさまで、その馬車を走らせた。それを物かげから見ていた御者の妻は、帰ってきた夫に、突然、離婚したいと切り出す。御者が、理由をたずねると、妻はこう言う。主君の晏嬰さまは、身長六尺にもみたないのに、斉の宰相さま。あなたは、身長八尺を超えるのに、ただの御者。それなのに、あなたは、それで大満足して、しかも、えらぶっている。そんな志の低い男の妻でいることには堪えられない、と。

御者は、以後、深く反省して、態度をつつしむようになった。晏嬰は、それを不思議に感じて、事の次第をたずねると、御者は、妻からの諫《いさ》めによって、そうすることにしたと答えた。晏嬰は、御者をとりたてて、大夫の位にひきあげた。

「ゑっくわ」（実際の発音は「エックヮ」であったろう）は、その御者の態度を表わすオノマトペ。「世界ニ人アリトモ思ハイデ」は、傍若無人なさま。これでいいと、満足至極で、魏勢《ぎせい》な体《てい》、すなわち、他人を威嚇するような態度が見えた、というのである。ひとことでいえば、偉そうにおごりたかぶった態度をとっていたということになる。

それを表わしたのが、「ゑっくわ」なのであるが、いまで言えば、「ふん」とした態度であろうか。鼻息もあらく、人を見くだす。受講生は、そのオノマトペで、御者に対して、いやな奴という感じを強めるが、しかし、そののち、妻の諫めに理があると感じると、いさぎよく態度を改めるすがたに、意外といい奴だったんだと、思いを変えたことだろう。

まさに、先生のねらいどおり。「ふん」という高慢な態度を身体感覚で感じさせておいて、つぎに、実は謙虚さも持ち合わせていたんだということを理屈で教える。見事なコミュニケーションのツールとなっている。

川柳のオノマトペ

江戸時代の川柳にも、オノマトペが用いられて、生き生きとした効果をあげている。そのいくつかを見ることにしよう。

『誹風柳多留《はいふうやなぎだる》』は、明和二年（一七六五）の刊行。いまから、二五〇年ほど前のものである。川柳は、俳諧と同じ五七五の長さを持つが、季語は必ずしもなく、庶民の生活の一コマを、まるでスナップショットのように切り取る（引用の表記は読みやすくした）。

初ものが来ると持仏が**ちん**と鳴り

初ものが手に入った。まずは、仏さまにあげよう。信心深い、一家のおばあさんあたりが、そういって、仏さまにあげる。ひとしきり念仏をとなえ、ご先祖さまに感謝する。となえ終わって、かねをちんと鳴らす。

これが、ごく普通のしきたりである。初ものを手に入れたしあわせを、ご先祖さまに報告して、感謝するのである。いまでも、なにかもらったり、合格を知らせる手紙など、仏壇や神棚に供える、というところは多いだろう。とはいえ、最近は、仏壇や神棚のない家もあるのだが。

なお、引用した岩波文庫によれば、『柳多留』に先行する『川柳評万句合』では、「ちん」が「ちやん」となっているという。かねの音としては、「ちん」より「ちやん（チャン）」のほうが、すこし鳴り響きすぎる感じ。「ちん」のほうが、やや慎み深い雰囲気が出るか。

かごちんをやって女房はつんとする

これはなんだと思われるだろうか。いろいろな状況が目に浮かぶのだが、私は、これを駕籠《かご》で朝帰りした亭主に対する女房の態度だととりたい。ちょっとまとまった金のはいった亭主、すっかり気分がよくなって、ちょっと一杯。さらに盛り上がって、遊郭へあがる。

なんだかんだで朝帰り。なんとか、駕籠をたのんで帰ってきたものの、有り金は使いはたしてしまった。

女房にむかって、駕籠賃をはらってくれるようにたのむ。女房は、駕籠屋のまえでは、できた女房を演じて、代金をはらいながら礼の一つも言う。駕籠屋はすっかり感心して、よくできたかみさんだねえ、などと、前と後ろとで言い合いながら去る。

亭主は、それで許されたと思って、女房のほうに顔を向けて、へへへとか愛想笑いをする。女房はそれに反応せず、よこをむき、能面のように表情をかたくして、つんとする。「つん」というオノマトペが、よく効いているではないか。というか、こわい。

そんな感じだと思うのだが、いかがであろうか。実は、似たような句に、「亭主からものを言ひ出す朝がへり」という句がある。亭主は朝帰り。女房は、口をきいてくれない。どうにも困って、亭主のほうから、おそるおそる、あ、いや、あの、その、と話しかける。そんな光景が思い浮かぶ。まさに、前の句の解説編になっているのではないかと思う。

医者の門ほとく打つはたゞの用

「ほとほと」は、戸をたたくさまの、古いオノマトペ。鎌倉時代ぐらいから例のある言い方である。軽くかわいた音である。こんな小さな音で医者の家の戸をたたくのは、普通の用件でたずねてきただけのこと。急患だったら、「どんどん」と強くたたくはずである。

視点は、医者の視点か。それとも、医者の家の戸をたたくものを見ているほうの視点か。医者の視点なら、だれか客でも来ているか。そのほうが面白い。「ほとほと」とたたく音に客が気づいて、あ、病人ではないですか、と医者に向かって言う。医者は、こともなげに、いや、あれは、病人ではない、ただの用です、よしんば病人でも、そうひどくはなさそうですな、などと悠揚せまらない。客は、いやあ、名医というものは、病人を診るまえに、具合がわかってしまうものなんですなあ、と感心しきり。いや、これぐらい、たいしたことはありませんて、と医者。実は、けっこう得意。

医者の家の戸をたたくものを見ているほうの視点だと、これも、二人ぐらいで、見ているのが具合がよさそうである。道ばたから、その様子を見つつ、一方が、おい、病人みたいだな、大丈夫かなあ、と言えば、もう片方が、心配いらないよ、たいした用事じゃなさそうだ、その証拠に、見ろよ、戸のたたき方が軽い、もし重病なら、あんな余裕はないはずだ、と言う。まるで、名探偵コナンくんのようではないか。そうか、そんならよかったなあ、とほっと胸をなで下ろす。人情が生きている。「ほとほと」というやさしいオノマトペも生きている。

麦ばたけざわ〳〵と二人逃げ

川柳の句には、きわどいものも、いろいろと入っている。少し前に、カラオケで「麦畑」というのが大ヒットしていた。いろんな方言のバージョンもできて、大勢でいくと、だれかが必ずリクエストしていた。麦畑は、古くから若く健康なふたりの、逢《あ》い引きの場なのである。もちろん、いまの世の中、麦畑で逢い引きするカップルはいない。けれども、麦畑の逢い引きは、なにかあまずっぱい郷愁を感じさせて、あれほどのヒットになったのだろう。

麦畑を、ふと通りかかると、なんとはなしに人の気配を感じる。これから収穫が始まるというのに、泥棒でも入っているのか。心配と責任感。おい、そこに、だれかいるのかい。声をかけると、あわてたように、麦畑をかきわける音。「ざわざわざわ」、三回の繰り返しオノマトペが効果的である。向こうに逃げ動く感じがよく出ている。

おっと、邪魔したようだな。などと、声をかけたほうは、状況を理解する。

ところで、二人が逃げた、というのがなぜわかるのか。同じ方向なら音は一つのような気もする。別々の方向へ、あわてて逃げたか。それも情愛のない話である。ざわざわと麦をかきわける音。ほんの少しおくれて、おなじ道の麦を、ざわざわとかきわける音。これが、二つの音の正体ではないか。先に行く男が、手をつないだ女をひっぱる。男の手と女の手は、最大限に伸びている。それとも、こうか。男が少し後ろをふりかえっては、はやく、はやくと手招きする。声は出さない。出したら、だれかがばれてしまう。後ろについていく女が、置いていかれないようにと、必死で追いかける。まっておくれよ、と目で訴える。麦をかきわける音が、しばらく、ざわざわざわ、と続く。

それにしても、ざわざわざわでは、さぞ、ちくちくちくしたろう。お疲れさまである。

以上、奈良時代から江戸時代まで、かけ足でさまざまなオノマトペを見てきた。オノマトペは、日本語の歴史とともにあった。その時代時代に、オノマトペはあらたに生み出され、生き生きとしたコミュニケーションのために、大活躍をしていたのである。

第5章　オノマトペの果たす役割

オノマトペの現代的な意味を考えてみましょう。オノマトペをつかって「なごむ」。オノマトペのTPO。オノマトペが、世の中に対して警告しているもの。そんなことを考えてみたいと思います。

「なごみ」のオノマトペ

オノマトペを使うことで、妙に場がなごんでしまう、という経験は、だれでも持っているのではないかと思う。


たとえば、食事に招いた相手に、「もう少し召し上がりませんか」と勧めたとき、

「いえ、すでに満腹の状態になりましたから、もう結構です」

などと四角四面に言われたら、苦笑しつつも、次はちょっと呼ぶのやめようかな、などと思いたくなりそうだ。気の短い人なら、なんだ、その言いぐさはと腹を立て、張り倒そうとするかもしれない。本当にやってはいけないが。

そんなとき、

「いや、もう、おなか、ぱんぱんなんですよぉ」

と、しぐさ交じりに返されたら、ああ、そこまで満足してくれたか、と、こちらも満足

する。この「ぱんぱん」で座はなごみ、また招いて、この嬉しそうな顔を見てみたいと思うのではなかろうか。

また、なにかを頼んでおいた人に、その後どうなったかと、おそるおそる下手に出ながら催促したときに、

「ああ、完全に失念していましたねえ、済みません」

などと、ぬっぺりとあまり済まなそうでもない顔で言われると、穏やかな気ではいられなくなる。態度もそうなのだが、「失念」が、なにかエラそうではないか。すっかり忘れていたことが、そんなに偉いのかと、腹立たしくなる。そんなとき、

「あ、うっかりしてました、済みません」

と、頭などかきながら言われたら、こちらも、「いえ、そう急ぐことでもないですから……」と言いそうである。

この「うっかり」で、なごむのである。「うっかり」には、「そうだ、あれ言われていたな、とは思っていたんですが、このところ残業続きで、つい手が回らず、いつしか、忘れちゃいけないと思っていたのに、つい忘れてしまっていたんです、悪気はないんです。もちろん、いま言われて、すぐに思い出しましたとも。本当に私は、子供のときからそそっかしくて、うっかり屋で。そうそう、あれは、小学校六年生のときでしたか……」などというメッセージと物語がある。本気で付き合っていたら日が暮れる。

そんな長い中身を、たった一言で言い表わし、しかも、座をなごませる。

恐るべし、オノマトペ。

しぐさとセットで

前の二つの例を読んで、場がなごんでいるのは、なにもオノマトペだけのためではなく、それを使う人の態度で決まっているのではないか、と言われるかもしれない。するどい指摘である。……ま、すぐ気づきますか、ね。

けれども、とも思う。ほんとうに、言葉じゃないよ、態度だよ、でしょうか。

たとえば、前の「おなか、ぱんぱん」の例で、「いえ、すでに、満腹の状態に……」のところを、愛嬌《あいきょう》たっぷりに、にこにこ顔で言ったとして、どうだろうか。言われたほうは、その気持ちは理解しつつも、「なにか、この人、いやに硬いな」と思うのではないだろうか。場合によっては、もしかしたら、なにか、それこそ腹の底に、ほんとうは不満があるんじゃないか、などと気を回すかもしれない。

だから、やはり、なごみの主な理由は、オノマトペだと言ってよい。けれども、そこに、しぐさが加わることで、そのなごみの気分は増すのである。オノマトペは、肉体感覚を表わすものだ、とか、心の声だ、などと書いてきた。

だから、オノマトペとしぐさは、よくなじみ、お互いに助け合うのである。

また、しぐさは、ときに誇張したものともなる。おなかが「ぱんぱん」ですと言う人は、ときに、自分のおなかのずいぶん前に、両手で大きく球体を描いて、こんなにまでおなかが膨れているという気分を表わす。「うっかり」忘れていました、などと言う人は、しばしば、自分の頭をコツンとやって、自分で自分を叱りたいんです、といった気持ちを表わす。ひどい人になると、両手で自分の頭を、左右からポカポカ叩いたりする。ちょっと、大袈裟《おおげさ》であるが。

その誇張した気分は、言葉で表わすこともできる。

「もう、おなかぱんぱんです。もう食べられません。針でつついたら、パンと破裂するかもしれません」

「うっかり忘れてました。ごめんなさい。ばかばかばか。ああ、もう、こんな頭ひっこ抜いて取り替えたいぐらいです」

そんな馬鹿な、と思いつつも、その大袈裟な言い方で、またちょっとなごむのである。もちろん、やりすぎては逆効果なのは、言うまでもないが。

しぐさとセットで使われて、座をなごませるオノマトペ。やはり、恐るべし。

もう「ギリギリ」です

オノマトペが座をなごませる例として、ちょっと変わったものをご紹介しよう。

以前オリンピックがあった北京の、瑠璃廠（リウリーチァン）での出来事である。瑠璃廠は、天安門広場から見て南西にあたるところにある。ちなみにオリンピック会場は、天安門広場の真北でかなり遠くにあるから、両者は、ずいぶん離れている。

この瑠璃廠とは、文房四宝とよばれる墨・硯《すずり》・紙・筆から、印鑑・書画・骨董《こっとう》・書籍にいたるまでを置く、古くからの店が多く並ぶところである。その手のマニアにはたまらない場所である。

あるとき、ここに、印泥《いんでい》を買いに行った。印泥とは、印をおすときの朱肉のようなものだと思っていただければよいが、よくいろいろな窓口に置いてある、黒い容器に布をはって、朱色の液体をしみこませているようなものとは、雲泥の差がある。その風合い、色の深さなどが全然ちがうのである。重いねばりけがあって、へらで練らないと使えない。書家が、作品を書いたあとにおす雅印に用いる、と言えば、その重みがわかってもらえるだろうか。要するに、かなり高級なものなのである。

それを買いに行った。

自分用、お土産用、などと探し回って、ある店に入った。品としても満足でき、値段もまあまあ。三つ買うことにした。

しかし、ここで定価で買ってはならない。負けてもらうように値段交渉するのである。三つ買うのだから、一つあたりいくらかは負けてもらわなければならない。交渉したら、あっさり呑《の》んだ。値引きの手腕のない、たいしたことがない客だと思われたのかもしれない。それぐらいなら想定内だと。

それで、さらに値引き交渉をすることにした。しかし、直接、さらに負けろといっても、たぶん応じないだろう。そこで、変化球を投げることにした。さらにもう二つ買うから、一つあたり、もう少し値引きできないか、と店員に交渉したのである。

すると、その店員は、それはできないと短く中国語で言ったあと、日本語で、こう付け加えた。

「ギリギリです」

だれが教えたオノマトペ？

は？　「ギリギリ」？　なぜ、そんな日本語を知っている？　見たところ、二十代の女性店員である。だれに教わったのか？　だいたい、中国人は、日本語のオノマトペが、よく感覚がつかめないからと、苦手なはずだが？

いくつものハテナマークが頭の中を舞ったあと、おかしさが込み上げてきた。本で読んだか、字幕付きの日本のドラマで見たのか、あるいは、以前ここを訪れた中国語の達者な日本人に教わったか、まあ、とにかく何かで、彼女は、「ギリギリ」を覚えたのであろう。そのシチュエーションは、たぶん、やはり商売のときのものに違いない。

「いやあ、うちも、ギリギリでやってますんで」

などというのは、たしかに日本でも耳にする。もうけが出るか出ないかのギリギリの線なわけである。

どれほど理解しているかはわからないけれども、彼女は、とにかく、最も効果的なシーンで、「ギリギリ」を使ったのであった。

オリンピックで少し変わってきたかもしれないが、中国の店員さんは、一般的に無愛想である。レストランで注文を聞くときも、ニコリとしないことも多い。「威張ってるよなあ」などと言う日本人を見かけたこともある。威張っているわけではないと思うが、要するに、愛嬌をふりまくといった習慣がないのである。

もう少し負けてよ、といったとき、無愛想に、「できない」と返されたら、そういう態度を少しは理解しているつもりでも、やはり、もっと言い方があるだろう、などと思ったかもしれない。事実、ある別のときに、北京市内の郵便局に切手を買いに行って、窓口の職員（らしき人）に、声をかけたら、「人はいない」と、にべもなく言われて、さすがにむっとしたことがある。何が、いないだ。そこにいる、お前はだれだよ？　瞬間、そう思ってしまう。あとで冷静に考えれば、切手を売る権限を持つ職員がいなかったのであろうが。

けれども、「ギリギリ」である。

笑いが込み上げてくる。なごんでしまう。

「ギリギリ」なんて使いそうもない人間が使っているミスマッチ。しかも、そういう相手から「ギリギリ」を使われて、それで自動的に納得してしまっている可笑《おか》しさ。

学生のころ、食堂で、イギリス人の留学生が昼食を平らげたあと、お腹をさすりながら「ああ、食った食った」と言って席を立ったことがあり、そのときも、隣にいた同級生と思わず顔を見合わせたものだったが、それに似ている。その部分だけが、妙になじんで、いや、なじみすぎておかしいのである。

というわけで、すっかり「ギリギリ」で愉快になり、「ギリギリ」が聴けたのだから、もう値引きはいいかという気持ちになってしまった。

恐るべし、オノマトペ。海の向こうでも働いている。


使いすぎては……


これまで、オノマトペがコミュニケーションを円滑にすすめるうえで、きわめて効果的であることをいろいろと見てきた。しかし、なにがなんでもオノマトペ、だということではない。

「むこうが、がーってきたのを、ひょいとよけて、とんと、突いてやったんだ」などといえば、生き生きとした状況は伝わる。昨夜の武勇伝。得意そうな気分も伝わる。しかし、あまりに感覚的すぎる。

その場にいたような臨場感はあるが、逆に言えば、その場にいないと、あるいは、感覚を移入しないと上すべりになってしまう。

古来、『文章読本』などのたぐいで、オノマトペの使い方をいましめるのも、そのあたりのバランスを考える必要があるということなのであろう。

オノマトペの使いすぎをいましめる急先鋒《きゅうせんぽう》、三島由紀夫の『文章読本』（一九五九年）をひもといてみよう。有名なところであるから、知っている人も多いだろう。森鷗外の『寒山拾得』という作品の描写を激賞して、そこにオノマトペが用いられていたら、ぶちこわしだ、とする部分である。

原文は、こうである。

閭《りょ》は小女を呼んで、汲立《くみたて》の水を鉢に入れて来いと命じた。水が来た。僧はそれを受け取つて、胸に捧げて、ぢつと閭を見詰めた。

これについて、『文章読本』は、

この文章はまつたく漢文的教養の上に成り立つた、簡潔で清浄な文章でなんの修飾もありません。私がなかんづく感心するのが、「水が来た」といふ一句であります。この「水が来た」といふ一句は、全く漢文と同じ手法で「水来ル」といふやうな表現と同じことである。しかし鷗外の文章のほんたうの味はかういふところにあるので、これが一般の時代物作家であると、閭が小女に命じて汲みたての水を鉢に入れてこいと命ずる。その水がくるところで、決して「水が来た」とは書かない。まして文学的素人には、かういふ文章は決して書けない。

> 閭は小女を呼んで汲みたての水を、鉢に入れてこいと命じた。しばらくたつうちに小女は、赤い胸高の帯を長い長い廊下の遠くからくつきりと目に見せて、小女らしくパタパタと足音をたてながら、目八分に捧げた鉢に汲みたての水をもつて歩いてきた。その水は小女の胸元でチラチラとゆれて、庭の緑をキラキラと反射させてゐたであらう。僧は小女へ別に関心を向けるでもなく、なにか不吉な兆を思はせる目付きで、じつと見つめてゐたのであつた。

と激賞する。さらに、返す刀で、原文を、もし、「そこらの大衆小説」作家が書くと、となるだろうというのである。しかし、赤い胸高の帯をモノトーンの画面に入れて、あざやかな色彩のアクセントをつけるなど、「そこらの大衆小説作家」にできるとも思えない。みごとに三島の色がついた文体になっているではないか。とはいえ、たしかに、「くつきり」「パタパタ」「チラチラ」「キラキラ」「じつと」が、続けざまに用いられているのは、うるさい。

『文章読本』のもっとあとのほうになると、「擬音詞〈オノマトペ〉」という呼び方で、それを三島がどう思っているのかについて、まとまったことが述べてある。いわく、関西の人のほうが、東京の人と比べて擬音詞をよく使う。いわく、擬音詞は日常会話を生き生きとさせ、表現力を与えるが、表現そのものを類型化してしまう。いわく、子供が好むものだ。いわく、抽象性がなく、事物を事物のままに伝達するだけで、堕落したかたちだ。で、もっとエスカレートする。

言語の抽象性を汚し、濫用されるに及んでは作品の世界の独立性を汚します。

すごい。そこまで言うか、と思わずつっこみたくなる。

ところが、そのあと、少し態度があいまいになって、擬音詞は、子供と女性の文章に多いが、女性作家は、「巧みな擬音詞の使ひ方によつて、女性独特の感覚的、具体的世界を読者に伝へる場合があります」などとも述べている。なんだ、この急変ぶりは。実は、この『文章読本』、もとは、雑誌『婦人公論』の付録だった。ヒートアップした三島の脳裏を、そのことがふとよぎったのか……。

で、結局、擬音詞は、「各民族の幼時体験の累積したもの」だ、と結論するのである。

これらの言説に対しては、反論が、多くなされている。

それは、そうだろう。これだけ極端なことを言えば。

独断のようなところは、どうせだれにも信じられないだろうから、放っておくとして、結局、重要なのは、「オノマトペの使いすぎ」、なのである。で、この点については、だれとて異論はないように思う。

オノマトペにさんざん悪態をついているようでありながら、大切なのは、その一点なのである。逆に言えば、「オノマトペを使いすぎるな」とだけ言えばいいのであって、オノマトペが女性や子供にどうした、とか言わなくても済んだのである。

三島の書き直した、オノマトペだらけの文章でも、問題点は、「多すぎる」ということであって、絶対に使ってはならないオノマトペが使われている、ということではない。

それに、三島は、実際には、けっこうオノマトペを使っているのである。

下河部行輝氏という国語学者が、ごく初期の三島のオノマトペの使用について、調査をおこなっている。その結果、小説を書き始めた一九三八年から一九四九年の一二年間で、延べ一四〇〇回あまり、種類にして、四四〇種類のオノマトペを使っているという結果が出た。

四四〇種で一四〇〇回。ずいぶん多いように思う。『文章読本』の記述があまりに有名なため、三島はオノマトペを使わないような気がするが、実際はそうではない。

ただし、下河部氏の報告によれば、擬音語と擬態語を区別したとき、擬音語は確かに少ないという。「擬音詞」などとわざわざ呼んで、あれこれ言っているわけだから、やはり、つよく意識しているのであろう。

いや、使ったのは初期段階で、あとは使わなくなったのではないか、と考えるひともいるかもしれない。けれども、たとえば、代表作のひとつ『金閣寺』(一九五六年)を、ひもといてみても、やはり、けっこう頻繁に現われる。

第十章の、いよいよ金閣寺に火を放とうとする、後半のクライマックス・シーンのあたりを見てみよう。

老人は電話をかけをはると、案内の仕事はもう終わつてゐたから、庫裏の東側の土間から小さな畑を眺めて**ぼんやり**立つてゐた。

「私を見抜いて下さい」とたうとう私は言つた。「私は、お考へのやうな人間ではありません。私の本心を見抜いて下さい」

和尚は盃を含んで、私を**じつ**と見た。

私はその三束を抱へて、畑のかたはらを立戻つた。庫裏のはうは**しん**としてゐた。

私は傾く板戸を体ごと支へてゐたが、その濡れた朽木《くちぎ》のおもては、私の頬に**しつとり**とふくらみを帯びて触つた。

まだまだ、出てくるが、このへんにしよう。これだけでも、なんだ、ずいぶん使っているんだ、という気持ちになる。ただ、たしかに、擬音語のほうは出てこない。音が出ているはずのところでも、不用意に擬音語を入れはしないのである。

廁で咳払ひがきこえた。副司さんらしかつた。やがて尿《いばり》の放たれる音がしたが、それが際限もなく長い。

駈けてゐるズボンのポケットの中で音を立てるものがある。燐寸《マッチ》箱が鳴つてゐるのである。立止つた私は、燐寸箱の隙間《すきま》に花紙を詰めて音を消した。

みごとに擬音語は出てこない。金閣寺に火を放ちにいこうとする主人公の、こんな緊迫したシーンに、擬音語が出てきたら、たしかにぶちこわしになりそうだ。

作品の刊行は、『文章読本』が一九五九年、『金閣寺』が一九五六年であるから、オノマトペの使いすぎに対する感覚は形成されていた時期であろう。にもかかわらず、けっこう使われていることが改めて確認できるのである。

ところで、前述の下河部氏の調査によると、もっとも多く使われていたオノマトペは、「じつと」で、八三回ほど使われているという。前の引用の部分にも、やはり「じつと」が使われている。

三島は、前の引用にもあきらかなように、歴史的仮名遣いを用いて、文章を書いている。細かい話で申し訳ないが、三島は、「じっと」を、「じつと」と書く。実は、歴史的仮名遣いで、「じっと」をどう表記するかは、異論のあるところで、「じっと」は室町時代からみられる言葉であるが、古くは「じつと」が多く、江戸から明治にかけて、「ぢつと」という表記が多くなる、という歴史的な経緯がある。

三島は、どこからか、その知識を得て、「じっと」は「じつと」と書き表わすことに決めていたのであろう。さすがのこだわりである。

ところで、面白いことに、オノマトペをあまり使わないはずの鷗外も、『寒山拾得』の引用部分では、「じっと」を使っていたことに気づく（鷗外は、「ぢつと」派のようだ）。

「ぢつと」というのは、オノマトペであるという感覚が希薄だったのかもしれない。

以上のことから、オノマトペは使いすぎてはならない、とくに、擬音語のほうの使いすぎに注意しなければならない、という教訓が得られたように思う。

オノマトペのTPO

オノマトペを使いすぎてはならず、なかでも、擬音語を使いすぎてはならない、ということがわかってきた。が、その教訓は、あくまでも『文章読本』から得られたものであることを忘れてはならない。

しかも、その文章は、文学的なものを主としたものである。

日常生活で、小説を書いているというひとは、あまりいない。いるとすれば、それは、小説家である。いや、小説家でも、日常生活のひとこまとして書くひとは、多いのだろうか。

湯河原に行ったとき、西村京太郎記念館というところに足をはこんだ。いろいろな展示品があって面白かったのだが、中のパネルに、彼は、毎日欠かさず、午前中に小説を一五枚書く、と書かれていたことを思い出す。氏にとっては、小説を書くことが、日常生活になっているのだ。しかし、毎日コンスタントに一五枚はすごい。一見、作家としては少ないようにも思えるが、ひと月たてば四五〇枚、きっちり一冊の本の分量になる。一年で、一二冊。一〇年経てば、一二〇冊。あなどれない。

そんなことはともかく、ごく一般の人間が、なにかを書くといえば、いまは、手紙でもなくなり、メールとか、まさに、ネット時代にふさわしく、ブログなどであろうか。

ただ、少し話を整理するために、ここで、日常の言葉の使用について、もっと根本的なところから場合分けをしてみよう。

大きく分けると、やはり、口でしゃべるか、文字で書くか、ということになる。さっきの、メールやブログは、文字で書くほうの下位区分であった。

で、まず、口でしゃべるか、文字で書くかに分けて、口でしゃべるほうを考えてみる。

口でしゃべるほうの言葉の使用を、「改まり」を手がかりに考えてみる。

ひどく改まる場合とはなんだろう。それは、やはり、目上のひととの会話ではないだろうか。

目上とは、どういう存在なのか。一口でいえば、気を遣う存在である。態度から言葉づかいまで、いろいろと気を遣わなければならない。

そのような気を遣う相手に向かって、オノマトペは、ちょっと使いづらいのではないだろうか。

「わたくしは、本日、ここまで、とことこ歩いて参ったわけですが……」

やはり、変である。「わたし」や「ぼく」でなくて「わたくし」、「きょう」ではなく

「本日」、「歩いて来た」ではなく「歩いて参った」などと、かなり改まっているのに、「とことこ」は、いかにも間の抜けたミスマッチである。

ここからわかるのは、改まった言い方とオノマトペは、文章のスタイルとして合わなそうだ、ということである。

考えてみれば、それはそうである。

オノマトペは、かみしもを脱いだもの、おへそまるだしのもの、なのである。ひどく改まった場にはそぐわない。仲のいい相手と、そう気を遣う必要のないおしゃべりで使えば、ときに座がなごみ、ときに座を盛り上げ、ときに深い共感を得る。それがオノマトペなのである。

だから、やはり、改まった場での、改まった言い方のときには、不用意に使うことを避けるのがよいだろう。

書く方はどうか。これも、「改まり」の程度で決まってくる。仲のよい、友人へのメールや手紙。これで使うのは問題ない。けれども、たとえば、目上の人へのお願いの手紙、なにかの報告書、レポート、論文、これらでは、濫用しないほうが無難である。

オノマトペのTPOを頭にいれながら、あるときは、生き生きとオノマトペを活かした感覚的な表現で伝え、あるときは、ぐっと腰をおとした論理をつむいだ表現で伝える、というものを使いこなせるようになれば、まさに、コミュニケーションの達人となれるのである。

「バキャーン」と絵の相性

意外に、というべきか当然というべきか、オノマトペと相性のいいのが、絵である。

ある地方都市をおとずれたときのこと。国語学会、いまでは日本語学会というが、日本語の研究者が一堂に会する研究発表の大会が、春秋の二回ある。これは、全国各地の大学の持ち回りで開催される。それで、自然と、いろいろなところをおとずれることになる。すこし、空き時間ができて、研究発表会場の外に足をはこんでいたときのこと、交差点に、「出会い頭に注意」みたいな看板があり、絵が描いてあった。車と車がはげしくぶつかる絵である。そこに、「バキャーン」という字が書いてあった。もちろん、その字にも、派手な彩色とデザインがほどこしてある。

「バキャーン」。迫力ありますねえ。

車と車が、バキャーンとぶつかる。これは、そこの方言なのだろうか。それとも、なにか、マンガとか劇画からとったものなのだろうか。

となりに書いてあった、交通安全のための標語のようなものは、もう忘れてしまった。しかし、「出会い頭に注意」のようなものだったとは思うが、正確な言葉は忘れた。しかし、「バキャーン」は、そう、もう一〇年以上も前のはずなのに、いまだに、記憶しているのである。

「バキャーン」。どんな印象を持つでしょうか。

激しくするどく、勢いよくぶつかりながら、なにか、はじけとぶような雰囲気も感じさせる。タイヤのホイールキャップまでもがはじけとんで、道のアスファルトに落ち、両端を交互にぶつけて、ワンワンワンという、くぐもった振動音をたてながら、しだいに動きをとめる。

「バキャーン」。ぶつかったときの衝撃。ブレーキのきしみ。ひとの悲鳴さえも聞こえるようではないか。

なかなか秀逸なオノマトペと言わざるをえない。それに、なにか「バカ」のような響きもあって、そんなことを引きおこすバカバカしさ加減も教えるようである。

というわけで、バキャーンには、ほとほと感心したのであるが、これが、絵と一緒に使われていることで、効果があがっているのである。

まさに、絵とオノマトペとが一体になって、はかりしれない効果をあげている。

で、これは、すでに気づいたかたもいらっしゃるとは思うが、マンガの効果音としてのオノマトペと同じである。

マンガは言うまでもなく、絵で状況や場面を説明する。しかし、これも当然ながら、音が出ない。その出ない音をおぎなうのが、オノマトペである。だから、これのよしあしが、

図5：卓越したオノマトペの中でも、著者お気に入りの一つ。『できんボーイ完全版①』©Shin Tamura

マンガのできを左右することもあるわけである。ライターに「シュボッ」と火が点る。迫力あるキャラクターが、「バーン」と登場する。刀のようなものを「しゅらんっ」と抜く。リズミカルに「しゅたたた」と走る。マンガでは、縦横無尽にオノマトペが活躍する。なかで感心するのは、田村信という漫画家の使うオノマトペである。よく思いつくものだと思う（図5）。

そういえば、心に強い衝撃をうけたときや、激しく感動したときの「ガーン」は、漫画家の川崎のぼるが、『巨人の星』を描いているときに、ふと思いついて絵の中に入れたものらしい。そうしたら、次の原稿から、原作者梶原一騎も「ガーン」を使ってきたという。原作者をも「ガーン」とうならせるオノマトペ。恐るべし。

絵とともにもちいられた、オノマトペは、強い効果を生むのである。

ぐっとタッチ

オノマトペは、標語やキャッチコピーとも合う。インパクトが強いからである。簡単なお知らせのようなものでも、オノマトペを組み込むことによって、印象が強くなり、記憶にも残りやすくなる。

なにかを報《しら》せる、仲間を募集する、注意を喚起する、なにかをたのむ。そんなときに、オノマトペは効果をあげる。

それで、ちょっといま思っているのは、首都圏でSuica〈スイカ〉、関西圏ではICOCA〈イコカ〉、北海道ではKitaca〈キタカ〉、東海地方ではTOICA〈トイカ〉などと呼ばれている、タッチタイプの改札用カードシステムである。また、首都圏のバスを含む私鉄ではPASMO〈パスモ〉、関西私鉄ではPiTaPa〈ピタパ〉と呼ばれるものをつくっている。

代表してSuica〈スイカ〉と呼ばせてもらうが、このカードシステムは、いまや全国的な広がりを獲得しつつある。特定の名称はないが、仙台や新潟でも使える。こまかい買い物などもこれを使えるので、小銭入れがわりになる。

とても便利で私も愛用しているのだが、一つ言いたいことがある。

それは、ときおり、改札を通過したことが記録されないことである。そのことは、鉄道会社側も認識していて、いまは、「タッチは一秒」のように、しっかりとタッチするように掲示がしてあるところも多い。

けれども、以前はそうでなかった。このSuica〈スイカ〉のウリは、タッチパネルの上を軽く通過するだけで、カードに記録が書き込まれるところだったように記憶する。軽くなでるだけでいい、いや、接触する必要もない、そんなふうに思っていた。

ところが、そのようにすると、記録が書き込まれないことがある。そんなときは、窓口に行って申告するのだが、そのときに、機械は正確なのに、いかにもあなたのやり方が悪い、といった対応をされることがあって、とても腹立たしい思いがした。

機械はつねに正しく作動している。人間がまちがっている――古い。古すぎる認識である。機械の感度に問題があるのではありませんか。その、まさに機械のような面持ちで言い放つ駅員さんの心には届かないと知りつつも、なんど言ったことか。

で、最近である。とにかく、しっかりタッチしろ、という。つまりは、軽くすっと通るのでは、記録されないことがある、という事実を認めたらしいのである。

ここで、Suica〈スイカ〉という名前を、もういちど確認してみよう。この名前の語源は、Super Urban Intelligent Card〈スーパー・アーバン・インテリジェント・カード〉となるらしい。訳せば、「超高性能都市型集積回路組み込み式カード」といったところであろうか。舌をかみそうだ。こんなものものしい正式名称はともかく、「スイカ」という略称には、「スイスイ」通れるという感覚も込められているはずである。

なんと、この超高性能集積回路の組み込まれたカードには、オノマトペも組み込まれていたのである。

だから、逆に、スイスイ通れると思って、すっと軽くふれる程度で通るひとも多かったのだろう。

で、いまは、「タッチは一秒」なのである。けれども、「一秒」というのは、実は、けっこう長い。また、スイスイのときのように、「正直に」一秒くっつけているということが起こるかもしれない。それで、改札がリズミカルに流れなくなるおそれがある。

そこで、提案である。オノマトペを使う。

「ぐっとタッチ」がそれである。

経験によると、ぐっと押しつければ、なにも正確に一秒でなくとも記録は、きちんとおこなわれるようである。「ぐっとタッチ」の「ぐっと」というのは、しっかり確実に、という意味ももちろん含まれるが、英語のgoodも、なにか響くような気もする。もちろん、正確には、「グッド」なのであるが。

あの改札のところに、ステッカーがあって、そこに「ぐっとタッチ」と書いてあれば、感覚的に、みんな、しっかり押しつけて通ると思うのだが、いかがであろうか。それでうまく通れれば、goodとほめられたような気分にもなる。よいコミュニケーションが成りたつと思う。

などと思っていたら、オノマトペを使っている会社もみつかった。「しっかりタッチ」

である。なるほど。これも悪くない。

しかし、どうだろう。「ぐっとタッチ」と「しっかりタッチ」。手前味噌になる気もするが、「ぐっとタッチ」のほうが、どうすればいいかが明確ではないだろうか。

それに、「しっかりタッチ」は、なにか、はげまされているような気がする。はげましているんだから、いいじゃないか、と言われそうでもある。けれども、なのである。微妙なのだが、おせっかいな感じがするのである。「はい、しっかりね」なんて声が聞こえてきそうなのである。

それに比べると、「ぐっとタッチ」は、「ぐっと、いくんだよな、ぐっと」のように、自分の判断でぐっと押さえさえすればよい。

だから、私の一押しは、「ぐっとタッチ」。

けれども、もちろん、それに固執するつもりもない。どう書いてあれば、気分よく通れるか、考えてみてはどうでしょう？　そして、私の「ぐっとタッチ」と勝負しませんか？

「むかつく」のあやうさ

オノマトペの現代的意味を考えるとき、光の側面だけではなく、陰の側面にも目を向けてみたい。とはいっても、オノマトペそのものが陰だというわけではない。

オノマトペが映し出す、陰の側面ということである。

最近、「むかつく」という言葉が流行って、いまでも、しばしば使われている。「むかつく」は、オノマトペ由来の言葉である。

「むか」は、オノマトペのもとであり、「っ」を付けたり、繰り返したりして、「むかっ」「むかむか」という言い方を生む。ただし、他のオノマトペのもとに付く「り」や「ん」が使えないが。「むかり」とか「むかん」という言い方は、共通語にない。

けれども、「つく」という動詞をつくる要素に付いて、「むかつく」という言い方をつくることができるわけである。「ぎらつく」「がたつく」「ばたつく」「ねばつく」「ぐらつく」「ぶらつく」「どたつく」「びらつく」など類例も多い。

この「つく」という要素が、オノマトペのもとに付いてできる動詞は、これらの例でもわかるように、あまりいい意味では用いられない。この点「めく」の場合は、「きらめく」「ひらめく」「さざめく」のようにプラスの言い方があるという点で好対照である。ただし、「よろめく」のような言い方もあるから、プラス専用とまでは言えそうもないが。

「むかつく」というのをよく聞く（ように思う）のは、若い世代の、もっといえば、学校の生徒ぐらいの年齢のひとびとである。

この「むかつく」、なんとはなしに腹立たしいが、どこがとか、なぜとか、というのがはっきりとは言い表わせない、という特徴を持っているように思うのだが、どうであろうか。何となく相手に対してむかついた気持ちを持つのだけれども、それを、理屈で説明しろと言われると、うまくできないのである。

まあ、そうである。理屈で、理路整然と説明できるのであれば、「むかつく」なんて言葉を使わないですむ。

しかし、ここだと思うのである。

「むかつく」と言われて、そうですか、と納得するのではなく、そこを理路整然と説明してもらい、そこに理があるのかどうかを判断しなければならないのではないか、と思う。「むかつく」は、オノマトペであるから、肉体感覚的な表現である。だから、逆に言えば、理屈ではなくわかってしまえるというところがあるわけである。

しかし、そのような漠然としたところで納得していいのかと思う。漠然としたものは、ひとにはっきりとした気分を与えない。漠然としたところそのものが、気持ち悪いのである。

芥川龍之介の自殺の理由の一つに、よく、「ぼんやりとした不安」があげられる。若いころは、それが、なにかかっこいいように思えたが、だんだんそうは思わなくなってきた。むしろ、不安が漠然としたものだったから、耐えられなかったのか、などと思うようになってきた。

作品が思うように書けなくなってきた。プロレタリア文学が台頭してきて、自分の居場所がなくなる気がする。上海にいったときに、悪い病気をもらってきたのではないか。いろいろな不安材料がある。それが、明確な不安であれば、それを除くように行動すればいい。しかし、そんなふうには思えなかったのかもしれない。そのあたりは、やはり、私のような凡人とは違うところなのだろう。

それはともかく、漠然としたままで「むかつく」などといって、それで納得してもらえるのはかえって不幸なのではないか。

むしろ、あえて、そんな言い方では納得できない、理屈で説明してほしいと、わからず屋になることが必要なのではないか、とも思う。

オノマトペが必要とされる時代は、感覚や感性が優位の時代である。感覚や感性は、論理や理屈といったものよりも、なにか、数段上のような気分になる。しかし、感覚や感性の先にあるものは、感情であり、欲望であることも忘れてはならない。

オノマトペの現代的意義を考えたとき、オノマトペが訴えかけてくる、このような陰の声にも耳を傾ける必要があるのではないだろうか。

オノマトペのはたらき

さて、そろそろ、オノマトペのはたらきについて、まとめに入ろうと思う。

オノマトペの語源は、フランス語であって、おおもとは古代ギリシア語にまでさかのぼり、「造語すること、名前を造ること」という意味があったとされることは、すでに、「はじめに」の部分でふれた。

それで思い出すのは、『聖書』創世記である。その第2章には、神がアダムを造ったあと、

野のあらゆる獣、空のあらゆる鳥を土で形づくり、人のところへ持って来て、人がそれぞれをどう呼ぶか見ておられた。人が呼ぶと、それはすべて、生き物の名となった。

という部分がある（新共同訳）。

神は、土人形をわざわざ作って、ひとのところに持ってきて、それをなんと呼ぶかを観察していた。人は、それを見て、「○○や|」などと呼びかけた。それが、そのまま、獣や鳥の名前になった、というのである。

とても興味深い。

『聖書』を、文字どおり、聖なる書として見るひとたちからすると、けしからん読み方なのかもしれないが、いつも、このエピソードが象徴するものはなんだろうと、想像してしまう。

人が、鳥や獣に呼びかけたとき、何を手がかりにして呼んだのだろう。そこは、簡単にはわからない。想像するしかない。が、自然なのは、その鳥や獣がどう鳴くかとか、どう

いう印象を心に与えてくるか、といったものではないだろうか。

土人形だとはいえ、神のおつくりになったものである。精巧だったにちがいない。まるで生きて動いたり、声を発したりするかのようなものではなかったか。実際に出くわしたことのあるものもあったろう。実物を見た経験があれば、その鳴き声が、呼び名の第一候補になったのではないか。

見たことがないものなら、それが自分の心にどう迫ってくるかで呼びかけたのではないか。オノマトペは、心の声なのである。

もしそうだとすれば、まさに、オノマトペこそは、名前のもとである。だから、オノマトペのもともとの意味は、名前を造るということになるのではなかろうか。

日本語においても、オノマトペは、まず、名前としてはたらいている。文法の用語で言えば、名詞ということである。

オノマトペが名前として使われるものは、いろいろと指摘できる。たとえば、子供、いや、もっと小さい乳幼児あたりの時期に、「ぶーぶー」は、〈くるま〉を意味する。そう言えば、家に工務店のひとがきて、「カンカン」と手直しをするのを見た乳幼児は、その後、作業服を着ているひとを、みな、「カンカンさん」と呼んだりする。

また、子供をあやす「ガラガラ」、おもちゃが、丸いカプセルに入っている「ガチャガチャ」も、ものの名前である。古く、「ピカドン」は、原爆の異称として用いられた。相撲で、正面からぶつかり合うような勝負を言う「ガチンコ」、映画のシーンをスタートさせる「カチンコ」も、その例である。

ものごとの名前の一部がオノマトペである場合もある。「ぽかぽか陽気」「のろのろ運転」「ぶらぶら病い」「ガタゴト電車」「ゴロ寝」。

商品名には、このようなものがきわめて多いことにも気づく。

最近の例で言うと、「ぐびなま」というビール系の飲み物(正確には、その他の醸造酒)があるが、あれも、「ぐびぐび」飲める、というオノマトペのひびきが、当初のコマーシャルのイメージキャラクターだった小西真奈美の親しみのあるふんわりさと絶妙にからみあって、あれだけ売り上げを伸ばせたのではなかろうか。のどごしの「ぐびぐび」は、まさに官能、肉体感覚である。想像しただけでたまらない。

動詞としても使われる。簡単なのは、「する」を付ければ、動詞のできあがり。「ドキドキする」「べとべとする」「くらくらする」。

「ばたばたする」も、よく使われる。「すいません、いま、ちょっとばたばたしていて、手が離せないんですけど」などと。「いま、忙しいんです、多忙なんです」などと言われると、なにか追い詰められているような感じだし、言われたほうは、忙しいのにうるさい、としかられているような気分にさえなる。

が、「ばたばたしている」と言われると、「ばたばた」のなかみがわからなくとも、妙に納得し、まあ、しゃあないか、という気分になるのも不思議だ。なんだかわからなくても、「ばたばた」だもんなあ、大変だよなあ、などと同情さえしてしまう。

それに、「ばたばた」できるのは、まだ余裕がある証拠かもしれない。あまり追い詰められているようでもない。「ばたばた」は、あれもこれもやらなきゃと思って、あっちをやり、こっちをやっているうちに、どうにも収拾がつかなくなっている状態である。しかし、逆に考えれば、時間に余裕がなくて、機械のように秒刻みに、順序立ててこなしていかなければおさまらない、という状況でもなさそうだ。

「ばたばたしている」は、近年できたオノマトペ動詞のヒット作と言っていいのではないか。

ほかに、動詞には、短く、「る」をつけるタイプもある。「ピカる」「テカる」。それから、前にも述べたが、「つく」「めく」のつくようなタイプ。「ぶらつく」「ぎらつく」「ほのめく」「きらめく」。ほかにも、「ける」のつく、「ばらける」「とろける」「にやける」というようなタイプもある。また、「ぶるった」のように、「ぶるる」のような終止形は考えられないけれども、動詞に近いはたらきをするものもある。

形容詞もある。「けばい」「のろい」「とろい」のような、オノマトペのもとに、形容詞をつくる「い」が直接ついたもの。「ピリ辛い」「ほろ苦い」「ひょろ長い」のように、形容詞のまえに、オノマトペのもとがついて、全体として形容詞になっているものもある。

しかし、なんといっても、もっとも大きな勢力は、副詞であろう。たとえば、「光る」ということばを、より具体的に説明するために、「きらきらと」「ぎらぎらと」「ピカピカと」「ピカピカと」「きらっと」「ぎらっと」「ピカッと」「きらり」「ぎらり」などが、使われて、細かなニュアンスを伝える。まさに、すぐれもののコミュニケーション・ツールである。

「ぎらぎら」を使わないで、「ぎらぎら光る」と同じ意味のことを伝えるのは、至難のわざである。光り方から、その光り方がどんなふうに心理的にせまってくるのか、など、細かく言いはじめるときりがないし、説明すれば、くどくなる。

こんなふうに、われわれの周りには、オノマトペが大活躍しているのである。

これらを、体系的にととのったかたちで説明するのも面白い。ただ、本書では、あえて、オノマトペを体系や法則にまとめようとしてはこなかった。もちろん、ある程度の規則についていては、いろいろと言及したが、大がかりなことはしなかった。むしろ、一つひとつのオノマトペにこだわって、かなり詳しく書き込んできた。

それは、こんな思いからである。

蝶が飛んでいる。何種類もの蝶が飛んでいる。それらの蝶をつかまえて、色やかたちで整理し、箱のなかに並べる、というのも、ひとつのやり方であろう。

けれども、蝶の飛ぶままに、そのすがたを、いつまでも見ていたい、というのがあってもいい。少なくとも、私はそうしたいほうである。虫ピンに刺され、箱のなかにとめられた蝶は、もはや飛ばない。そうではなくて、飛び続ける蝶を、どこまでも追いかけていきたいのである。

オノマトペを入り口として

「はじめに」のところで、オノマトペをきっかけにして、日本語のさまざまな面があきらかになり、また、オノマトペをきっかけにして、日本語そのものを深く考えることになる、と述べた。

日本語の音。語のつくられ方。語彙のありかた。日本語の歴史。漢字、ひらがな、カタカナ。コミュニケーション。ことばの味わい。

本書を読みすすめてこられたひとは、そういったものについて、さまざまな思いをめぐらしたのではないかと思う。

日本語について考える、といっても、いわゆる大所高所から、広く眺めるなどということは、専門家でも、なかなかできることではない。だから、なにかきっかけが必要である。意外にオノマトペも、立派にそのきっかけになるのだな、と思っていただければ、これ以上うれしいことはない。

オノマトペに気をつけていることで、さまざまな日本語のできごとに、自然、目を向けることになる。さらに、その歴史にまで目を向けるようになっていただければ、日本語の歴史を専門とするものとして、同志を得たような気分になる。

英語は、国際語として、この先、ますます重要になってきて、それを学ぶことが、ますます必要となるだろう。そのための環境も、ますます整備されている。自分の小さかった頃のことを考えると、うらやましいくらいである。けれども、ただ、あえて言えば、それは、ツール（手段・道具）としての言語である。

英語を、ますます学ばなければならない、と旗を振っているひとびとは、英語が、言語として学ぶに足る優秀なもので、日本語なんかよりはるかに豊かなコミュニケーションの力があるから学ばなければならない、といっているのではないように思う。そうではなくて、日本の経済的繁栄を失わないためには、英語ができないと困るから学べ、というのであるように思う。言語学者の鈴木孝夫氏などは、はっきりと、「武器」なのだ、と言っているほどである。しかし、そんな考え方は、不幸なようにも思う。

英語を専門として、その言葉としての面白さ、豊かさ、深さを伝えようとしているひとびとにとっては、むしろ、ひいきの引き倒し、迷惑でさえあるのではないか。

そして、豊かさを学べる、というか、実感できるものは、もっと近くにある。日本語である。近すぎて気づかないだけである。あまりにも広く、どこまで続くかわからない。手がかりもない。けれども、それなら、ぷにぷにと、その上でただ、はずんで遊んでみればいい。そのうちに、向こうのほうになにか、下に降りていけそうな穴のようなものが見えてくるだろう。

そして、それは、よく見てみると「へそ」なのである。

終章　研究が進むオノマトペ

この本のもとになっている部分を書いてから、早くも一〇年が過ぎた。その後、オノマトペの研究は世界的な課題になり、また、一般的にも、さまざまなところで関心を呼んでいる。

今回は、そのなかから、外国語のオノマトペ、漫画のオノマトペ、そして宮沢賢治のオノマトペについて、書き加えたい。

外国語のオノマトペ

外国語に「パングルパングル（笑う）」というオノマトペ表現があるのですが、このオノマトペからは、どういう感じを受けますかと聞かれたら、どう答えるであろうか。手がかりは、このオノマトペが、笑うことについて使われることだけである。おそらく、その外国語を知らず、日本語の感覚だけで判断すると、「明るい声を立てて朗らかに笑う様子」というような答えになるのではなかろうか。

日本語のpの音は、高く明るく軽い感覚を表わすし、撥音「ん」は余韻を持って響く感じ、gも濁音であって強い感じになるから、その印象は、もっともだと思える。

しかし、この、実は韓国（朝鮮）語のオノマトペ「パングルパングル」は、「にっこりとほほえむ様子」を表わすのである。ずいぶん感じが違う。また、「パングルパングル」が、にっこりとほほえむ様子であるということは、「ホホホ」や「ハハハ」のような声を伴わないということであるから、これは擬態語である。

実は、韓国（朝鮮）語は、擬態語が豊富にある言語として知られている。擬態語は、音の感覚で、様子や情感を表わしたものであるが、このことから、どんな音にどんな様子や情感を担わせるかということは、言語ごとに違うようだということになる。

近年、世界中の言語で、オノマトペの研究が進められていて、オノマトペを豊富に持つ言語は、日本語・韓国（朝鮮）語のほかに、西・南アフリカ、東南アジア、アマゾンなどに見つかるという。

また、バスク語というフランス西南部からスペイン北東部に分布する言葉にも、オノマトペが豊富であるという報告もある。その言語には、「ティピタパ（歩く）」「シンゴラミンゴラ（曲る）」「（触ると）タケク（感じる）」というようなオノマトペがあり、それぞれ、日本語の「トコトコ歩く」「ジグザグ曲る」「ザラザラと感じる」に当たる意味なのだそうである。「ティピタパ」と「トコトコ」なら、ちょっと音の感覚が似ていないでもないような気もするが、「タケク」と「ザラザラ」はずいぶん感じが違うように思える。

外国語の擬音語

どのような音に、どのような感覚を担わせるかが、言語ごとに違う擬態語にくらべて、擬音語のほうは、言語間での音の類似度が高いと言われていることを知っているひとも多いだろう。擬態語には、もともと音がないのに対して、擬音語は、もともとの音があるから、それを人間の言葉の音で真似すると、自然と似てくるところがあっても不思議でない。

ニワトリの雄鶏《おんどり》の鳴き声を、日本語「コケコッコー」、英語「コッカドゥードゥルドゥー」、フランス語「ココリコ」、ドイツ語「キケリキ」と並べてみると、kの音がいずれにも含まれていることが分かる。萩原朔太郎《はぎわらさくたろう》は、ニワトリの鳴き声を「とをてくう　とをるもう」(『青猫』鶏)と、独特の表現をしたが、やはりkの音は含まれている。kの音が持つ甲高い感覚は、各言語とも共通なのだろう。

ただ、それでも、韓国(朝鮮)語では、犬の鳴き声は「モンモン」だし、鐘を打ち鳴らす音は「ダンダン」であって、微妙に感覚が異なる。ある音を、自国語でどう表わすかは、子供のころから刷り込まれるわけであるから、いつの間にかそれ以外には聞こえなくなる。しかし、試みに、「ゴーン」と聞こえる鐘の音が、若干低くにぶい「ダーン」と聞こえないか耳を澄ませてみるのもいいかもしれない。

犬の鳴き声を表わす「ワンワン」は、英語では「バウワウ」であることを知っているひとは多いと思う。ずいぶん違うようにも思えるが、「ワ」が共通していることにも気づくし、また、日本の古典では、犬は「べウべウ」と鳴く。そうなると、俄然《がぜん》「バウワウ」に近くなってくる。

言語の音の特性が、オノマトペに反映することもある。たとえば、ネコが喉を鳴らす音は、日本語では「ゴロゴロ」だが、フランス語では「ロンロン」である。これはずいぶん違うと思えるが、フランス語のrの音は、日本語の「ラリルレロ」の音ではなく、喉を震わせる音であり、まさに、ネコの喉の震えを再現しているのである。一方、日本語の「ゴロゴロ」は、もともとは、なにか重いものを転がすようなときに使う擬音語である。ということは、最初にこの「ゴロゴロ」を考えついたひとは、ネコが喉の奥で、なにか重みの感じられるものを転がしているように感じたのかもしれない。（以上のところでは、オノマトペの表記は、萩原朔太郎からの引用を除き、アルファベットのような記号は用いず、カタカナで統一している）

漫画のオノマトペ

漫画には豊富にオノマトペが用いられていることは、普通に気づくことだろう。これについて、本格的に書き始めたら、本一冊では済まないかもしれないほどである。

そこで、逆に問いたい。オノマトペが使われていない漫画を知っていますか、と。そんなものがあるのか？　あの漫画から、「ドーン」とか、「がっくり」などというオノマトペをなくしてしまったら、それこそ、手塚治虫《てづかおさむ》がオノマトペとして先駆的に採用したという「シーン」とした漫画になってしまうのではないか。ありえない、とも思う。しかし、あるのである。

坂本眞一《さかもとしんいち》の『イノサン』という漫画をご存じであろうか。これは、『週刊ヤングジャンプ』（集英社）で二〇一三年から二〇一五年にかけて連載され、さらにその続編『イノサン Rouge（ルージュ）』が、『グランドジャンプ』（集英社）で現在も連載中の、知る人ぞ知る人気作品で、単行本の売り上げも、電子書籍の売り上げを合わせると累計一五〇万部に到達しようかという勢いなのである。この漫画は、一八世紀フランスにおける、首切りによる死刑執行人の物語であり、かなり血なまぐさいシーンが随所に出てくる。

そうすると、刀で切る「ズバッ」とか、血が滴る「ポタポタ」のようなオノマトペが出てくることが期待される。いや、もっと、独創的な、刃が鋭く走るときの「ズシュシャアーッ」なんていうものが出てきても、おかしくはない。

しかし……ないのである。絵に付随してよく出てくるオノマトペがまずない。最初に出てくるページは、単行本第1巻のちょうど一〇〇ページである。そこまでには、絵の部分にも、吹きだしのセリフにも出てこない。あって不思議のないオノマトペの存在しないことが、むしろ、この漫画、いや、この絵に凄《すご》みをもたらしているとも言えようか。

本書には、『ゴルゴ13』のライターの音「シュボッ」を見つけるために、単行本を読みまくったエピソードが書かれているが、また同じことをして確認したのである。

そして、これには、サイドストーリーがある。実は、朝日新聞社の前田《まえだ》安正《やすまさ》さんという記者から、オノマトペの持つ表現力に関する取材を受けたとき、この『イノサン』の話をしたところ、前田記者がいたく興味を抱き、『イノサン』正編の九冊を読破して、用いられたオノマトペをすべて数え挙げ、『朝日新聞』二〇一九年二月六日付夕刊の記事にしたのである。こういうのを何と言うのだろう。ミイラ取りがミイラになった……じゃないですよね。オノマトペ取材が、オノマトペ取りに、かなあ。

それはともかく、そのとき、前田さんがいま数えているということをメールで知らせてきたので、私のほうも数えた。記事のたった数行のために、データをゆるがせにしない態度に感銘を受けたのである。向こうがプロなら、こっちもプロである。前述の、第1巻一〇〇ページまでオノマトペがないというのは、前田記者と二人で確認した結果なのである。

しかし、プロの記者をも用例採集に駆り立てる、オノマトペの魅力、いや、もはや魔力か、恐るべし。

宮沢賢治のオノマトペの三層

宮沢賢治の作品には、オノマトペがとても印象的に用いられている、ということは、誰しもどこかで耳にしたことがあるのではないか。賢治のオノマトペについて書き始めたら、これも、本一冊では済まない。いや、もう、何冊もの、賢治のオノマトペについて書かれた本がある。

しかし、賢治のオノマトペは、まだまだ掘り下げうるところがあるように思われた。そこで、私も、先人の驥尾《きび》に付して、賢治の初期童話三四作品のオノマトペについて分析してみた。

そこで気づいたのは、賢治のオノマトペには三層あるということである。その一つは、ごく普通のオノマトペのように、オノマトペのもと（基本要素）に、さまざまな手を加えてつくったもの。たとえば、〈がさ〉という基本要素に〈り〉をつけて、「がさり」をつくるようなものである。

二つめは、そのような基本要素を見つけ出しにくい、独特のもの。たとえば、

つりがねさうが朝《あさ》の鐘《かね》を

「カン、カン、カンカエコ、カンコカンコカン。」

と鳴《な》らしてゐます。

の「カンカエコ、カンコカンコカン」のようなものである（『貝の火』）。ここには、基本要素〈カン〉のようなものが見え隠れはするが、一般的なオノマトペのように、〈り〉

〔ン〕〔ッ〕〔ー〕のような派生要素を加えているというところは、見当たらない。川越《かわごえ》めぐみさんという研究者によれば、〔コ〕は、方言特有のオノマトペの派生要素なのだというから、「カンコ」はそれで説明がつくかもしれない。しかし、それでも、「カンカエコ」の説明ができない。とすれば、これはもうじたばたせず、「カン、カン、カンカエコ、カンコカンコカン」全体で、一つのオノマトペ（擬音語）とすべきなのではないか。植物である釣鐘草が、朝を告げる鐘を、金属的な音で鳴らしているというところから、すでにシュール（幻想的）なのであるから、このオノマトペも、そのようなシュールなできごとの一つとして受けいれるしかない。そう言えば、賢治の『月夜のでんしんばしら』には、

　　ドッテテドッテテ、ドッテテド

という印象的なオノマトペがあったことも思い出される。これも、電信柱が軍隊のように行進するというのだから、かなりシュールである。

　三つめは、姿はいかにも一つめのやりかたでつくったように見えながら、基本要素を取り出そうとすると困難なもの。たとえば、「がっかり」。これは、「さっくり」「きっちり」「かっちり」などと形のうえでは共通しているが、後者が〔さく〕〔きち〕〔かち〕を基本要素として取りだすことができて、「さくっ」「さくさく」「きちん」「きちきち」「かちり」

「かちかち」のように派生されることができるのに、「がっかり」は、かりにここから「がか」を取りだしたところで、「がかん」「がかがか」などというものは、少なくとも、今のところでは聞いたことがない。だから、ちょっと特殊なものとして別立てにしておくことにする。

この三層に区分すると、賢治の初期童話三四作品中では、一つめが最大勢力で、八八・六%を占め、次いで、三つめが八・六%、二つめは二・八%という分布になった。

これは、ちょっと意外でもある。賢治は、一つめのごく普通のオノマトペを九割近く使っていて、独創的な(と思えた)二つめのようなパターンは、かなり少数なのである。

賢治オノマトペの工夫

賢治独自と思えたオノマトペが、意外にも、三%弱に過ぎないということは驚きであったが、それをどう考えるべきか。一つには、いや、これぐらいでちょうどよいのだという考えかたもあろう。考えてみれば、次から次へと、見たことも聞いたこともないようなオノマトペが現われてきたら、いくら賢治だからといっても、鼻につきはしないか。

少数かもしれないが、精選されていて、そこにとてもインパクトがあるというところに、賢治の独創的なオノマトペの意味と魅力があると考えるわけである。これは、うなずける考えではないかと思う。

一方、オノマトペの基本要素を、通常の手順で派生させていくほうを見直してみると、実はそこにも、賢治のさまざまな工夫が行なわれていることに気づく。たとえば、基本要素に、オノマトペのニュアンスをつけ加える派生のための要素〈リ〉〈ン〉〈ッ〉〈ー〉を加えるにしても、賢治は工夫する。派生の要素をひとつだけ加えるのではなく、組み合わせるのである。

たとえば、基本要素〈ぽた〉に〈り〉と〈っ〉を組み合わせて「ぽたりっ」としたり、基本要素〈しゅぽ〉の間に、〈っ〉を挿入して、さらに〈ー〉と〈ん〉を加えて「しゅっぽおん」としたり、基本要素〈ぽしゃ〉の間に〈っ〉を挿入して〈ん〉を加えて「ぽっしゃん」としたりしている。このことによって、出来上がったオノマトペに、深みと彩り、ときにはおかしみさえが加わる。

また、オノマトペの定番といえば、「ばたばた」のような、基本要素の二回繰り返しだが、賢治の場合、それだけでなく、繰り返しは三回から六回までが揃っている。「とんとんとん」「うろうろうろうろ」「どろどろどろどろ」「るるるるる」。さらに、この繰り返しに〈っ〉を付けて、「きらきらっ」「くるくるくるっ」「きしきしきしきしっ」、同様に〈ん〉を付けて、「くるくるん」というようなものがある。やはり、派生の手法を複合させて複雑さと多彩さをつくりあげている。

さて、話を賢治のオノマトペの三層というところに戻すと、このうちの二番目のもの、つまり、基本要素から派生させるのでなく、あるがままの音を、そのまま言葉に置きかえて表現したものは、実は、漫画に多く見られるものである。ということは、賢治のオノマトペで分析の方法を深めていけば、漫画のオノマトペも攻略できる方法が見つかるのではないかと期待できる。逆に言うと、賢治のオノマトペは、それほど包括的で、深いのである。

オノマトペの今後

オノマトペに対する一般の興味関心は、尽きることがない。商品名開発、医療現場、スポーツの指導(「スポーツオノマトペ」などという用語もあるらしい)、ロボット工学、作文指導など、さまざまな、言葉の問題を超えた応用的分野にも進出している。

私が関係したもので、ちょっと異色だったものに、日本橋三越本店《にほんばしみつこし》の和菓子・洋菓子を販売する部門で、そのお菓子の食感を創作的なオノマトペで言い表わしてポップにし、なおかつ、そのオノマトペを詠みこんだ短歌を書いたフリップを商品の脇に置くといった企画があった。会期中に日本橋三越本店の地階にある菓子販売コーナーに行くと、どの菓子店舗にも食感のオノマトペを書いたポップがあるのだ。その売り場を廻《まわ》っていると、なにか、私にとっては、逆に、オノマトペが、三越のお菓子売り場をジャックしたような気分にとらわれてしまった。

　このような、言わば応用的なものに対して、私の専門である言語研究の面からいうと、オノマトペは、意味変化の側面から歴史的に捉える研究にも堪えるし、似た意味のオノマトペ（類義オノマトペ）を並べて、その意味の違いを見るという類義語の研究にも堪える。

　つまり、単純すぎて、すぐに答えが出てつまらない、などということがない。言語学的にもとても深いのである。

　さらに専門的なことを言うのを許してもらえるならば、オノマトペは、文法的には副詞として働くが、一般的な副詞としての働きとオノマトペとしての働きとには、どのような違いがあるのかといった問題も提起する。つまり、オノマトペを考えることは、「副詞とはなにか」といった、アカデミックな問題を考える糸口になるのである。

　こんな多彩で魅力的なオノマトペ――自分でもさらに深めていきたいし、ぜひ、これからのひとたちにも極めていってもらいたい。

新書版あとがき

とうとう、ここまでたどりついた。読者のみなさんも、ここまでたどりついたことと思います。お疲れさま。

思えば、本文になんども出させていただいた『日本語オノマトペ辞典』が出てから、それの関わりでいろいろな出来事があった。

加藤浩次氏の深夜のラジオ番組に出演させていただいたし、歌手の弥生さんのインターネットラジオにも、電話出演させていただいた。弥生さんは、ご自分のブログに、『日本語オノマトペ辞典』を手にして微笑んだ写真まで掲載してくださった。大学の同級生でマガジンハウスに勤めている小井沼玉樹氏との縁から『ダ・カーポ』の最終休刊号にオノマトペの記事が載った。

博報堂生活総合研究所の夏山明美さんと南部哲宏さんも、研究棟まで訪ねてくださり、いろいろな意見交換をした。ちなみに、本書になんどか出てくる、「オノマトペは心の声」という言い方は、お二方から教えていただいたものである。すごくいい言い方だと思う。でも、これ、企業秘密でしたか？

そして、ある日、平凡社の下中美都さんというかたから、お手紙をいただいた。そして、お会いした。

新書を書かないか、というのである。少し考えたけれども、やってみましょうと答えていた。生来のおっちょこちょいな性格もある。自分にその能力があるかどうかを考えるまえに、答えてしまったのである。

けれども、辞典を出したことで、その個々の言葉の背後にある、さまざまな世界を書いてみたいという気持ちもあった。辞典は、必要にして充分な情報を、コンパクトに盛り込まなければならない。ある言葉をめぐって、さまざまなことを考え、ときに脱線もしながら（脱線は、私の講義の特徴でもある）、言葉の面白さを伝えたいと思っても、辞典では、当然ながらそれはできなかった。

それから、自分が高校生や学生の頃、さまざまな、日本語に関する新書で、日本語への興味をかき立てられたことも頭をかすめた。純粋な学術書ではないが、学術的なことは押さえられていて、ときに悪のりなどもあるけれども、面白く日本語のことを考えられるような本があったら読者も楽しいだろうな、と思ったのである。

そのような思いが、この本で伝えられているかどうかは、読者のみなさんに判断してもらうしかない。

もうひとつやってみたかったのは、学術的な雰囲気の書ではありながら、本から著者が飛びだして、読者に語りかける、というような本を作ってみたい、ということだった。文体も、そこで、急に「ですます体」になる。破格であろう。けれども、最近の学生の文章を見ると、なぜか突然「ですます体」になっていることがある。レポートや論文では、もちろん直さなければならないものだが、この手法を使えないか、と考えたのである。

私の講義でも、実は、一方通行的に話をするのではなく、受講している学生諸氏に、いろいろと意見をたずねたりしながら話をすすめている。だから、この本は、私の講義の雰囲気をいくぶん反映している。和気藹々《あいあい》とした授業なのである。あ、でも、無益な私語は許しませんよ、私の講義では。

まだやってみたかったことは、いろいろとある。

歌謡曲の歌詞にあるオノマトペを話題にしたものとか、思い切ってポルノ小説のようなアダルトな世界のオノマトペを真面目にとりあげるとか、考えていたのだが、結局書かないでしまった。

それから、外国語のオノマトペとの比較対照なども面白いと思う。あるとき、韓国語のオノマトペを聴いて、その意味を推測してみたのだが、ぜんぜん当たらない。ある音に、どのような感覚的意味(心の声)を付与するのかは、やはり、言語ごとに異なるものなのか。

それらすべて、今後の課題である。

最後に、この本をつくりあげるにあたって、平凡社新書編集部の福田祐介氏には、たいへんお世話になった。氏のはげましがあったればこそ、ここまで書けたのだと思う。心から感謝したい。

二〇〇九年五月

小野正弘

文庫版あとがき

本書は、二〇〇九年七月に平凡社新書として刊行された、『オノマトペがあるから日本語は楽しい　擬音語・擬態語の豊かな世界』をもとにして、若干の語句を改め、「終章」を書き加えたものです。

今回、改めて、校正のために自著を読み直してみました。一〇年の歳月によって、内容が古くさくなっていることを恐れていましたが、幸いそういうことはあってもわずかで、全体として自信を持ってお勧めできると思っています。ただ、一〇年前の時点での状況、たとえば、『ゴルゴ13』の刊行巻数などは、今とは当然違ってしまっていますから、そのような点には、最小限の手を加えてあります。思えば、この『ゴルゴ13』における、ライターの火を点けるオノマトペ「シュボッ」を求めてコミックを読み進めていったくだりなどは、ネットでも話題になったところでしたが、その『ゴルゴ13』が、現在に至るまで続いていることは、驚異でもあり、また嬉しいことでもあります。

一〇年前の執筆時は、年齢も五十そこそこでしたが、それから一〇年経って還暦も過ぎてしまいました。その間、オノマトペの意味変化に関する『感じる言葉　オノマトペ』（角川選書、二〇一五年八月）、オノマトペの類義語に関する『くらべてわかるオノマトペ』（東洋館出版社、二〇一八年七月）を刊行し、オノマトペは、一般語と同じく、歴史的研究、共時的類義語の研究という、学術的な分析にも堪えるものであるとの思いを、ますます深めています。実は、私は、学生時代、小野的平（おの・まとへい）というペンネームを名乗っていました。それから、四〇年が過ぎていますが、なにかオノマトペとの切っても切れない因縁を感じもします。

本書の意義を認めて、角川ソフィア文庫での再刊を勧めてくださった、株式会社KADOKAWA文芸局、学芸ノンフィクション編集部の麻田江里子氏と、文庫化にあたって仲介の労を執ってくださった平凡社の福田祐介氏、ならびに、文庫化を許してくださった平凡社さまに感謝いたします。麻田氏には、前述の『感じる言葉　オノマトペ』のときにも、執筆を勧めてくださり、引き続いてお世話になりました。

また、次第にところどころ障りの出てくる身体のケアをし続けて下さっている、主治医の青柳徹二先生（青柳診療所院長）、片岡英里先生（ヤナセ歯科医院）にも、この場を借りて感謝申し上げます。お陰様で、仕事ができます。

二〇一九年一一月

小野正弘

【参考文献】

遠藤邦基「濁音減価意識――語頭の清濁を異にする二重語を対象に」(『国語国文』46―4、一九七七年)
川越めぐみ「東北方言オノマトペの特徴についての考察―宮沢賢治のオノマトペの場合―」(『言語科学論集』9、二〇〇五年)
釘貫亨「文書主義の概念と日本語表記の成立について」(『日本語論究4』、和泉書院、一九九五年)
窪薗晴夫編『オノマトペの謎　ピカチュウからモフモフまで』(岩波書店、二〇一七年)
沖森卓也『日本古代の表記と文体』(吉川弘文館、二〇〇〇年)
亀井孝/大藤時彦/山田俊雄編集委員『日本語の歴史2　文字とのめぐりあい』(平凡社ライブラリー、二〇〇七年)
柴田武『日本の方言』(岩波新書、一九五八年)
下河部行輝「三島由紀夫のオノマトペ――『仮面の告白』に至るまでの初期作品について」(『国語学研究』26、一九八六年)
渡辺実『国語意味論――関連論文集』(塙書房、二〇〇二年)

【引用文献】

川端康成『伊豆の踊子』(名著復刻全集、日本近代文学館、一九六九年)

武藤禎夫／岡雅彦編『噺本大系第一巻』（東京堂出版、一九七五年）
竹内理三編『多聞院日記』（続史料大成、臨川書店、一九七八年）
近藤富枝他編『矢田津世子全集』（小澤書店、一九八九年）
夏目漱石『夏目漱石全集第一巻』（岩波書店、一九九〇年）
林芙美子『放浪記』（新潮社、一九五三年）
太宰治『二十世紀旗手』（名著復刻全集、日本近代文学館、一九九二年）
『坂口安吾全集15』（筑摩書房、一九九九年）
『原民喜全集』（芳賀書店、一九六五年）
『川端康成全集第一巻』（新潮社、一九六九年）
『横溝正史全集8　悪魔の手毬唄』（講談社、一九七〇年）
内田康夫『透明な遺書』（講談社文庫、一九九六年）
川上弘美『センセイの鞄』（平凡社、二〇〇一年）
徳富蘆花『不如帰』（名著復刻全集、日本近代文学館、一九六八年）
『新校本宮澤賢治全集第十巻』（筑摩書房、一九九五年）
高木市之助他編『万葉集二』（日本古典文学大系、岩波書店、一九五九年）
藤井貞和他編『落窪物語・住吉物語』（新日本古典文学大系、岩波書店、一九八九年）
秋山虔他編『源氏物語5』（新編日本古典文学全集、小学館、一九九七年）
中田祝夫編『蒙求抄』（抄物大系、勉誠社、一九七一年）

山沢英雄校訂『誹風柳多留二』（岩波文庫、一九五〇年）
『決定版三島由紀夫全集6』（新潮社、二〇〇〇年）
『決定版三島由紀夫全集31』（新潮社、二〇〇三年）

＊引用順。本文で詳しく紹介したものは省いた。

［資料・情報を提供してくださった方々］
近藤明氏・島田泰子氏・高松敬明氏・長沼英二氏・新野直哉氏・母校一関第一高等学校三年D組同級会の諸氏

本書は、二〇〇九年七月に刊行された『オノマトペがあるから日本語は楽しい　擬音語・擬態語の豊かな世界』（平凡社新書）を加筆修正し文庫化したものです。

オノマトペ

擬音語《ぎおんご》・擬態語《ぎたいご》の世界《せかい》

小野《おの》正弘《まさひろ》

令和元年 12月25日　初版発行
令和７年　２月５日　５版発行

発行者●山下直久

発行●株式会社KADOKAWA
〒102-8177　東京都千代田区富士見2-13-3
電話　0570-002-301（ナビダイヤル）

角川文庫 21970

印刷所●株式会社KADOKAWA
製本所●株式会社KADOKAWA

表紙画●和田三造

●お問い合わせ
https://www.kadokawa.co.jp/（「お問い合わせ」へお進みください）
※内容によっては、お答えできない場合があります。
※サポートは日本国内のみとさせていただきます。
※Japanese text only

ISBN 978-4-04-400547-4　C0181

角川文庫発刊に際して

角　川　源　義

第二次世界大戦の敗北は、軍事力の敗北であった以上に、私たちの若い文化力の敗退であった。私たちの文化が戦争に対して如何に無力であり、単なるあだ花に過ぎなかったかを、私たちは身を以て体験し痛感した。西洋近代文化の摂取にとって、明治以後八十年の歳月は決して短かすぎたとは言えない。にもかかわらず、近代文化の伝統を確立し、自由な批判と柔軟な良識に富む文化層として自らを形成することに私たちは失敗して来た。そしてこれは、各層への文化の普及滲透を任務とする出版人の責任でもあった。

一九四五年以来、私たちは再び振出しに戻り、第一歩から踏み出すことを余儀なくされた。これは大きな不幸ではあるが、反面、これまでの混沌・未熟・歪曲の中にあった我が国の文化に秩序と確たる基礎を齎らすためには絶好の機会でもある。角川書店は、このような祖国の文化的危機にあたり、微力をも顧みず再建の礎石たるべき抱負と決意とをもって出発したが、ここに創立以来の念願を果すべく角川文庫を発刊する。これまで刊行されたあらゆる全集叢書文庫類の長所と短所とを検討し、古今東西の不朽の典籍を、良心的編集のもとに、廉価に、そして書架にふさわしい美本として、多くのひとびとに提供しようとする。しかし私たちは徒らに百科全書的な知識のジレッタントを作ることを目的とせず、あくまで祖国の文化に秩序と再建への道を示し、この文庫を角川書店の栄ある事業として、今後永久に継続発展せしめ、学芸と教養との殿堂として大成せんことを期したい。多くの読書子の愛情ある忠言と支持とによって、この希望と抱負とを完遂せしめられんことを願う。

一九四九年五月三日

角川ソフィア文庫ベストセラー

古典文法質問箱　大野　晋

高校の教育現場から寄せられた古典文法のさまざまな八四の疑問に、例文に即して平易に答えた本。はじめて短歌や俳句を作ろうという人、もう一度古典を読んでみようという人に役立つ、古典文法の道案内！

古典基礎語の世界　源氏物語のもののあはれ　編著／大野　晋

『源氏物語』に用いられた「もの」とその複合語を徹底解明し、紫式部が場面ごとに込めた真の意味を探り当てる。社会的制約に縛られた平安時代の宮廷人達の生活や、深い恐怖感などの精神の世界も見えてくる！

日本語質問箱　森田良行

なぜ「水を沸かす」といわず、「湯を沸かす」というの？　何気なく使っている言葉の疑問や、一字違うだけで意味や言い回しが変わる日本語の不思議をやさしく解き明かす。よりよい日本語表現が身に付く本。

気持ちをあらわす「基礎日本語辞典」　森田良行

「驚く」「びっくりする」「かわいそう」「気の毒」など、普段よく使う言葉の中から心の動きを表すものを厳選。日本人特有の視点や相手との距離感を分析し、使い分けの基準を鮮やかに示した、読んで楽しむ辞書。

違いをあらわす「基礎日本語辞典」　森田良行

「すこぶる」「大いに」「大変」「なんら」など、普段使っている言葉の中から微妙な状態や程度をあらわすものを厳選。その言葉のおおもとの意味や使い方、差異を徹底的に分析し、解説した画期的な日本語入門。

角川ソフィア文庫ベストセラー

時間をあらわす「基礎日本語辞典」　森田良行

日本語の微妙なニュアンスを、図を交えながら解説する『基礎日本語辞典』から、「さっそく」「ひとまず」など、「時間」に関する語を集める。外国語を学ぶとき、誰もが迷う時制の問題をわかりやすく解説！

思考をあらわす「基礎日本語辞典」　森田良行

「しかし」「あるいは」などの接続詞から、「～なら」「～ない」などの助動詞まで、文意に大きな影響を与える言葉を厳選。思考のロジックをあらわす言葉の使い方、微妙な違いによる使い分けを鮮やかに解説！

日本語教室Q&A　佐竹秀雄

「あわや優勝」はなぜおかしい？「晩ごはん」「夕ごはん」ではなく、なぜ「夜ごはん」というの？　敬語や慣用句をはじめ、ちょっと気になることばの疑問を即座に解決。面白くてためになる日本語教室！

訓読みのはなし　漢字文化と日本語　笹原宏之

言語の差異や摩擦を和語表現の多様性へと転じた訓読みは、英語や洋数字、絵文字までも日本語の中に取り入れた。時代の波に晒されながら変容してきたユニークな例を辿り、独自で奥深い日本語の世界に迫る。

漢文脈と近代日本　齋藤希史

漢文は言文一致以降、衰えたのか、日本文化の基盤として生き続けているのか――。古い文体としてではなく、現代に活かす古典の知恵だけでもない、「もう一つのことばの世界」として漢文脈を捉え直す。

角川ソフィア文庫ベストセラー

ホンモノの日本語　金田一春彦

普通の会話でもヨーロッパ言語三〜四カ国語分にも相当するという日本語の奥深さや魅力を、言語学の第一人者が他言語と比較しながら丁寧に紹介。日本語ならではの美しい表現も身につく目から鱗の日本語講義！

美しい日本語　金田一春彦

日本人らしい表現や心を動かす日本語、間違いやすい言葉、「が」と「は」は何が違うのか、相手にわかりやすく説明するための六つのコツなどを、具体的なアドバイスを交えつつ紹介。日本語力がアップする！

悪文　伝わる文章の作法　編著／岩淵悦太郎

わずかな違いのせいで、文章は読み手に届かないばかりか、誤解や行き違いをひきおこしてしまう。すらりと頭に入らない悪文の、わかりにくさの要因はどこにあるのか？　伝わる作文法が身につく異色文章読本。

文章予測　読解力の鍛え方　石黒　圭

文章の読解力を伸ばすにはどうすればよいか？　答えは「予測」にあった！　幅広いジャンルの秀逸な文章で「予測」の技術を学べば、誰でも「読み上手」になれる。作文にも役立つ画期的な「文章術」入門書。

辞書から消えたことわざ　時田昌瑞

著者は『岩波ことわざ辞典』等を著した斯界の第一人者。世間で使われなくなったことわざを惜しみ、「名品」200本余を、言葉の成り立ち、使われた文芸作品、時代背景などの薀蓄を記しながら解説する。

角川ソフィア文庫ベストセラー

いろごと辞典
小松奎文

世界中の性用語、方言、現代の俗語・隠語まで網羅。【甘露水】＝精液。【騒水】＝女性が淫情を感じて分泌する愛液。【花を散らす】＝女性の初交……創造力を刺激する語彙と説明が楽しい圧巻の「性辞典」。

悩ましい国語辞典
神永曉

辞書編集37年の立場から、言葉が生きていることを実証的に解説。思いがけない形で時代と共に変化する言葉を、どの時点で切り取り記述するかが腕の見せ所。編集者を悩ませる日本語の不思議に迫るエッセイ。

中国故事
飯塚朗

「流石」「杜撰」「五十歩百歩」などの日常語から、「帰りなん、いざ」「燕雀いずくんぞ鴻鵠の志を知らんや」などの名言・格言まで、113語を解説。味わい深い名文で最高の人生訓を学ぶ、故事成語入門。

孫子の兵法
湯浅邦弘

『孫子』に代表される中国の兵法を、作戦立案やスパイ活用法などのテーマごとに詳しく解説。占いや呪いを重視する兵法と、合理的な兵法の特色を明らかにする。用語や兵書名がすぐにわかる便利な小事典付き。

英語の謎
歴史でわかるコトバの疑問
岸田緑渓
早坂信
奥村直史

youはなぜ複数形もyouなのか？　goodはなぜbetter-bestと変化するのか？　学校で丸暗記していた英文法の規則や単語も、英語史を知れば納得の理由や法則がみえてくる。79のQ&A。

角川ソフィア文庫ベストセラー

覚えておきたい 極めつけの名句1000　編／角川学芸出版

子規から現代の句までを、自然・動物・植物・人間・生活・様相・技法などのテーマ別に分類。他に「切れ・切れ字」「俳句と口語」「新興俳句」「季重なり」「句会の方法」など、必須の知識満載の書。

決定版　名所で名句　鷹羽狩行

地名が季語と同じ働きをすることもある。そんな名句を全国に求め、俳句界の第一人者が名解説。旅先の地名も、住み慣れた場所の地名も、風土と結びついて句を輝かす。地名が効いた名句をたっぷり堪能できる本。

金子兜太の俳句入門　金子兜太

「季語にとらわれない」「生活実感を表す」「主観を吐露する」など、句作の心構えやテクニックを82項目にわたって紹介。俳壇を代表する俳人・金子兜太が、独自の俳句観をストレートに綴る熱意あふれる入門書。

俳句、はじめました　岸本葉子

人気エッセイストが俳句に挑戦！　俳句を支える季語の力に驚き、句会仲間の評に感心。冷や汗の連続だった吟行や句会での発見を通して、初心者がつまずくポイントがリアルにわかる。体当たり俳句入門エッセイ。

芭蕉のこころをよむ　「おくのほそ道」入門　尾形仂

『おくのほそ道』完成までの数年間に芭蕉は何を追い求めたのか。その創作の秘密を解き明かし、俳諧ひと筋に生きた芭蕉の足跡と、〝新しみ〟や〝軽み〟を常とした作句の精神を具体的かつ多角的に追究する。

角川ソフィア文庫ベストセラー

飯田蛇笏全句集
飯田蛇笏

郷里甲斐の地に定住し、雄勁で詩趣に富んだ俳句を詠み続けた蛇笏。その作品群は現代俳句の最高峰として他の追随を許さない。第一句集『山廬集』から遺句集『椿花集』まで全9冊を完全収録。解説・井上康明

西東三鬼全句集
西東三鬼

鬼才と呼ばれた新興俳句の旗手、西東三鬼。「水枕ガバリと寒い海がある」「中年や遠くみのれる夜の桃」反戦やエロスを大胆かつモダンな感性で詠んだ句は今なお刺激的である。貴重な自句自解を付す全句集！

橋本多佳子全句集
橋本多佳子

女心と物語性に満ちた句で、戦後俳壇の女流スターと称された多佳子。その全句を眺めるとき、生をみつめる厳しい眼差しと天賦の感性に圧倒される。全五句集に自句自解、師・山口誓子による解説を収録！

今はじめる人のための短歌入門
岡井　隆

短歌をつくるための題材や言葉の選び方、知っておくべき先達の名歌などをやさしく解説。「遊びとまじめ」「事柄でなく感情を」など、テーマを読み進めるごとに歌作りの本質がわかってくる。正統派短歌入門！

昭和短歌の精神史
三枝昂之

斎藤茂吉、窪田空穂、釈迢空、佐々木信綱――。戦中・戦後の占領期を生き抜いた歌人たちの暮らしや想いを、当時の新聞や雑誌、歌集に戻り再現。その内面と時代の空気や閉塞感を浮き彫りにする革新的短歌史。